Theodor Ballauff – Revolutionär pädagogischer Denkungsart

Rudolf M. Kühn

Theodor Ballauff –
Revolutionär pädagogischer Denkungsart

Ein Porträt

PETER LANG
Frankfurt am Main · Berlin · Bern · Bruxelles · New York · Oxford · Wien

Bibliografische Information der Deutschen Nationalbibliothek
Die Deutsche Nationalbibliothek verzeichnet diese Publikation in
der Deutschen Nationalbibliografie; detaillierte bibliografische
Daten sind im Internet über <http://www.d-nb.de> abrufbar.

ISBN 3-631-56001-X
© Peter Lang GmbH
Europäischer Verlag der Wissenschaften
Frankfurt am Main 2007
Alle Rechte vorbehalten.

Das Werk einschließlich aller seiner Teile ist urheberrechtlich
geschützt. Jede Verwertung außerhalb der engen Grenzen des
Urheberrechtsgesetzes ist ohne Zustimmung des Verlages
unzulässig und strafbar. Das gilt insbesondere für
Vervielfältigungen, Übersetzungen, Mikroverfilmungen und die
Einspeicherung und Verarbeitung in elektronischen Systemen.

www.peterlang.de

INHALTSVERZEICHNIS

Einleitung 7

I. **Die bildungstheoretische Begründung der Pädagogik** 13
   1. Pädagogik – eine Erziehungswissenschaft? 13
   2. Geschichtliche Empirie – die „Wissenschaftlichkeit" der Pädagogik 16
   3. Die Unumgänglichkeit einer pädagogischen Systematik 17

II. **Bildung als Wende zur Menschlichkeit** 21
   1. Die Wende in der pädagogischen Fragestellung 21
   2. Der Mensch im Anspruch der Wahrheit 23
   3. Die Verantwortung des Wahrheitsanspruchs 28

III. **Die Infragestellung der traditionellen „Persönlichkeitsbildung"** 35
   1. Ballauffs Kritik an der „Wille-Gesetz-Ethik" 35
   2. Besonnenheit statt Sittlichkeit 36
   3. Die „Ethik" der kosmischen Verantwortung 37

IV. **„Skeptische Didaktik" – eine provokante Theorie?** 39
   1. Didaktik als Kathegetik 39
   2. Kathegetische Skepsis – ein Einblick 40

V. **Die Schule im Auftrag der Bildung – die Schultheorie Theodor Ballauffs** 51
   1. Die Schule im Licht ihrer „Funktionen" 51
   2. Die Konversion der Funktionen unter dem Bildungsgedanken 54

VI. **Sprecher der Wahrheit – Theodor Ballauffs „wieder gefundener Lehrer"** 65
   1. Traditionelle „Lehrerbildnisse" 66
   2. Der Aufweis des Lehrerseins aus pädagogischem Gedankenkreis 70

VII. **Einwände** 77

VIII. **Bemerkungen zur Rezeption** 81

Anhang 85

Konstruktionsprinzipien pädagogischer Systematik
Eine schematische Gegenüberstellung 87

Die Pädagogik der Selbstlosigkeit oder: Liegt die Wahrheit bei den Ketzern?
Rainer Winkel im Gespräch mit Theodor Ballauff 89

Literaturverzeichnis 97
1. Primärliteratur 97
2. Sekundärliteratur 100

EINLEITUNG

> „Wir sind nur dann Menschen, wenn es uns gelingt, einem jedem das ihm zukommende Maß innerhalb eines wohlbedachten Ganzen zu gewähren und jedes aus bedrohlicher Maßlosigkeit zu wohlermessener Anwesenheit zu befreien."
> (Theodor Ballauff: Pädagogik als Bildungslehre. S. 134.)

Ein Porträt ist zwar ein Bild, zeigt aber nicht den ganzen Menschen. Damit ist eigentlich schon gesagt: auch das hier versuchte Porträt von Theodor Ballauff (1911-1995) kann nur Gedanken und Gedankengänge, soweit sie sich zu einem „Bild" fügen lassen, zur Einsicht bringen. Die Frage ist: Womit beginnen? Was ist hervor zu heben, damit das Bild zustande kommt, Kontur erhält und nicht zu blass ausfällt? Ich beginne mit einem Satz aus der *Systematischen Pädagogik*:

„Aller Erziehung liegt daran, nicht so sehr ‚Anpassung' zu erreichen, als vielmehr die Bedingungen und Grundlagen zu gewähren, von denen aus der Jugendliche eines Tages in der Lage ist, sein Leben ‚besser' zu erfüllen, als es der älteren Generation gegeben war. Das ‚Bessere' zu ermessen, ist stets gemeinsame Sache."[1]

Gemeinsam „das Bessere ermessen" – wie hat eine solche emendatorische, also auf Besserung gerichtete Pädagogik auszusehen? Sie wird sich – das kann hier schon gesagt werden – prinzipiell von der überkommenen humanistischen Bildungslehre absetzen. In ihr dreht sich alles um den Menschen, um den Menschen als Subjekt, um den Menschen als „Persönlichkeit, als „Herrn der Welt" u.s.f. Dass Menschen den Sinn ihres Lebens in der Erfüllung sachlicher und mitmenschlicher Aufgaben, und zwar um dieser Aufgaben selbst willen sehen könnten, kommt dabei gar nicht in den Blick. Das zeigt schon die von allen Seiten akzeptierte autologische und egologische Terminologie: „Selbstverwirklichung", „Selbstbestimmung", „Selbst"- oder „Ichfindung", „Selbstbestätigung", „Selbstdurchsetzung", „Ichstärke", „Identitätslernen". Vielleicht hat die „primäre Fundamentalideologie" (*Ballauff*) der antropozentrischen Bildungslehre mit ihrer Autologie- und Autonomiepropaganda uns Menschen so sehr in ihren Bann gezogen, dass wir durch die dicken Wände unserer „Verbannung" mit uns selbst nicht nur nicht hinaus sehen, sondern auch nicht „hinaus denken" und danach handeln.

Es dürfte sich aber heraus gestellt haben, dass wir mit unserer „Menschlichkeit" so wohl doch nicht weiter kommen. Die beiden Kriege des Jahrhunderts, die Inhumanitäten in unserer Welt, die Grausamkeiten der Menschen an Menschen, die Frage nach dem Bösen, Unrechten, Unechten, alles, was eine „Krude-

---

[1] Systematische Pädagogik. 3. Aufl. Heidelberg 1970. S. 66.

litätsforschung" zutage fördern könnte, – das zeigt uns doch: das neuzeitliche „Projekt Humanismus" ist gescheitert!

Wir müssen in der Pädagogik also andere Konzeptionen für Menschsein als verbindlich erklären, die zwar keinen Anti-Humanismus verkünden und lehren, statt dessen aber ein *Bedenken des Humanen*.

Unter diesen Anspruch sehen wir das Lebenswerk Theodor Ballauffs gestellt. Jakob Muth nennt seine *Systematische Pädagogik* eine der wenigen großen systematischen Entwürfe des zwanzigsten Jahrhunderts. In diesem Werk wird so gut wie alles, was bisher in der Pädagogik gedacht, gesagt und getan wurde infrage gestellt, neu durchdacht und zur Gegenthese gewendet. Ballauff stellt der Selbstverwirklichungsthese den Gedanken einer Pädagogik der „selbstlosen Verantwortung der Wahrheit" gegenüber. Er geht, wie er im Vorwort zur ersten Auflage seiner „Systematischen Pädagogik" schreibt, „den Weg von der geläufigen ‚Anthropologie zu den ‚Ursprüngen' des Menschlichen", die er in „Denken" und „Wahrheit" findet.

In weit ausgreifenden Gedankengängen und ausgedehnten Untersuchungen hat Theodor Ballauff der Pädagogik in der zweiten Hälfte des 20. Jahrhunderts neue Sichtweisen erschlossen. Sein Anliegen galt von Anfang an in seinen Forschungen und in seiner Lehre, von seinem ersten bis zu seinem letzten Werk, in seinen zahlreichen Veröffentlichungen in den verschiedensten Zeitschriften und Sammelwerken wie in seinen Vorträgen immer nur dem einen Thema: der *Bildung*. Im Gedanken der Bildung ist gerade gedacht, was alle Menschen erreichen sollten, wenn sie ihrer Menschlichkeit teilhaftig werden möchten. Kein Gehör finden bei ihm Umschreibungen und Propagierungen von Bildung und Erziehung, hinter denen Kalküle über Besitz und Prestige, über die Sicherung von Status und einflußreicher Lebensposition stehen. Das alles hat, wie er sagt, nichts mit Wissenschaft, nichts mit Pädagogik, nichts mit Bildung zu tun.

Theodor Ballauffs *Systematische Pädagogik* ist ein eigenständiges Werk. Sein Gedankengang greift zwar weit aus in die pädagogischen Themen- und Fragenkreise in Vergangenheit und Gegenwart. Es erwächst jedoch aus *keiner* der verbreiteten wissenschaftlichen „Schulrichtungen".

Genauso bildete Ballauff seinerseits keine „Schule" im geläufigen Sinne. Seine pädagogische Systematik – kein System! – mit ihrer prinzipiellen Offenheit für Denken und Weiterdenken unter der „Leitidee" der *Menschlichkeit* zum *einen* und das pädagogische Postulat der „Freigabe" zur *Selbständigkeit im Denken*, das er sich auch in seiner akademischen Lehre offensichtlich zu eigen machte, zum *anderen* ist *nicht* vereinbar mit einer „Denkrichtung" oder „Ballauff-Schule" der systematischen Pädagogik. Auch die in früheren Jahren gelegentliche Rede von einer „Mainzer Pädagogik" dürfte keine Kreise gezogen haben.

Ballauffs Gesamtwerk entzieht sich auch der Zuordnung in eine der heute geläufig gewordenen „wissenschaftstheoretischen Richtungen": einer „geisteswissenschaftlich-hermeneutischen" wie erst recht einer „sozialwissenschaftlich-empirischen" Ausrichtung und ebenso einer wie immer philosophisch konzipierten „kritischen Theorie."

Ich könnte mich allerdings einer Kennzeichnung anschließen, wie sie *Klaus Schaller* vornimmt. Er bezeichnet Theodor Ballauffs bildungsphilosophisches Denken – wie übrigens auch das Eugen Finks und Jan Patockas – als eine im neuen Sinne *„transzendentalphilosophische Denkweise"*.

Mehr als alles andere sagt ein Blick auf sein philosophisch-pädagogisches Lebenswerk. Theodor Ballauff wurde am 14. Januar 1911 in Magdeburg geboren. Schon sein breit angelegtes Studium der Philosophie, Pädagogik, Chemie und Biologie, wohl auch Physik, ist beachtlich. Wir erfahren, dass er sich nach Kriegsende neben seinen philosophischen Forschungen für einige Jahre auch dem Studium der Theologie und der Religionswissenschaften widmete. –

Ballauff promovierte 1937 bei Nicolai Hartmann in Berlin mit einer Arbeit *Über den Vorstellungsbegriff bei Kant* (Berlin 1938). Nach der Promotion absolvierte er noch ein „Brotstudium" zum Bibliothekar und legte nach einer Referendarzeit an der Universitätsbibliothek in Halle an der Saale dort 1940 die Assessorprüfung ab. In der Zeit von 1940 bis 1945, in der auch er vom Militärdienst nicht verschont blieb, war er formell Bibliothekar an der Staatsbibliothek in Berlin. Dort habilitierte er sich 1944 mit der Schrift *Über das transzendentale Problem in der gegenwärtigen Philosophie* (Berlin 1943) und war bis 1946 Privatdozent für Philosophie in Halle.

Im Jahre 1946 wurde er Privatdozent und 1952 außerplanmäßiger Professor an der Universität Köln. In diesem Jahr erschien die Studie mit dem Titel: *Die Idee der Paideia*, eine Interpretation von Platons *Höhlengleichnis* und Parmenides' *Lehrgedicht*. Dazu schreiben die beiden Herausgeber der jüngst erschienenen Auswahl aus den pädagogischen Schriften von Theodor Ballauff in der „Einleitung":

„Dieses Büchlein ist für sein weiteres theoretisch-pädagogisches Schaffen zumindest in zweierlei Hinsicht wegweisend. *Zum einen zeichnet es methodologisch* wie bereits die zuvor geschriebenen philosophischen Arbeiten einen Weg vor, der auch in allen noch folgenden Publikationen stärker oder schwächer erkennbar bleibt: *die Verbindung systematischer pädagogischer Fragen mit dem Sinn für ihre geschichtliche Herkunft und Bedingtheit.*[...] *Zum anderen* kommt bereits in Ballauffs erster pädagogischer Schrift *inhaltlich* eine Übereinstimmung mit Platons Konzept von *Bildung als Weg ins Denken* zum Ausdruck, die er trotz seiner Kritik am platonischen Idealismus und seiner später zunehmenden Skepsis gegen alle Vorstellungen von abschließender Erkenntnis nie mehr völlig aufgegeben hat."[2]

Nehmen wir demnach das *Höhlengleichnis* als Sinnbild für den *Weg der Aufklärung*, für den *Weg aus der Befangenheit in die Freiheit des Denkens*. Es ist, „als habe sich für Ballauff ein Prozeß des Erschlossenwerdens vollzogen und als

---

[2] Theodor Ballauff – Pädagogik der „selbstlosen Verantwortung der Wahrheit". Hrsg. von J. Ruhloff u. A. Poenitsch. Weinheim u. München 2004. S. 14f.

sei ihm das eine, was sich ihm erschließen konnte, das Vorverständnis des anderen geworden." (J. Muth) Sein Lebenswerk ist ein Prozess fortwährender Erschließung, aus dem wir erfahren können, wie in der später erscheinenden Schultheorie *Funktionen der Schule* zu lesen ist, „daß wir selbst als Schlüssel und als die Eröffnung dessen, was ist und sein kann, fungieren".[3]

Ein Jahr später, also 1953, folgte die *Grundstruktur der Bildung*, Ballauffs Auseinandersetzung mit den Grundideen der humanistischen Bildungstheorie, deren Kritik dann leitend und maßgebend wurde für den späteren Aufbau seiner *Systematischen Pädagogik*.

Im Jahre 1956 erhielt Theodor Ballauff einen Ruf auf den Lehrstuhl für Philosophie und Pädagogik an der Universität Mainz. Dort lehrte er bis zu seiner Emeritierung 1979 und darüber hinaus, bis zur Berufung eines Nachfolgers, Pädagogik. Aus seiner Mainzer Lehr- und Forschungstätigkeit ging ein großer Kreis von akademischen „Schülern" hervor, mehrere von ihnen später ihrerseits Professoren der Pädagogik. Der bekannteste unter ihnen ist zweifellos der pädagogische Systematiker, Theoretiker einer *Pädagogik der Kommunikation* und Comenius-Forscher Klaus Schaller.

In späteren Jahren traten zwar die in strengem Sinne fachphilosophischen und der Biologie gewidmeten Arbeiten hinter den zahlreichen pädagogischen zurück, dennoch kann die Pädagogik, wie es in der Einleitung zu seinem Buch *Philosophische Begründungen der Pädagogik* heißt, „die Philosophie auf keine Weise entbehren". Letzteres Werk und die *Systematische Pädagogik* sind dafür ein einleuchtendes Beispiel. Sie zeigen eine genuin philosophische Grundlegung der Pädagogik Theodor Ballauffs, was soviel heißt, dass in ihr die Frage nach dem Sinn, der Wahrheit von Bildung und Erziehung gestellt wird. Und diese Wahrheit liegt nicht in einer wie immer gedachten Innerlichkeit des Menschen als eines Seienden unter Seiendem, sondern in seinem *Dasein*, in seiner Zugehörigkeit zum *Sein*, das ihn im Seienden, in Dingen und Mitmenschen, in Anspruch nimmt und dem er entspricht, – in seiner *Menschlichkeit*.

Ballauffs Weg von der Philosophie zur Pädagogik dokumentiert das Buch *Vernünftiger Wille und gläubige Liebe – Interpretationen zu Kants und Pestalozzis Werk* aus dem Jahre 1957, seine Auseinandersetzung mit einem grundlegenden Gegensatz der neuzeitlichen Pädagogik, am schärfsten zutage getreten in der Antithese des der Mitmenschlichkeit gewidmeten Werkes Pestalozzis zu der von Kant inaugurierten „Persönlichkeitspädagogik". Aus intensiver Beschäftigung mit der philosophisch-pädagogischen Thematik ging im Jahre 1966 die schon genannte Untersuchung *Philosophische Begründungen der Pädagogik* hervor. Der Untertitel lautet: *Die Frage nach Ursprung und Maß der Bildung*. Darin geht Ballauff zurück bis in die Antike zu Heraklid und Parmenides und versucht aufzuzeigen, dass erst eine geschichtliche Besinnung die „Erziehung im

---

[3] Funktionen der Schule. Hist.-syst. Analysen zur Scolarisation. 2. Aufl. Weinheim und Basel 1982. S. 68.

Licht ihres Gedankens" erfahren lässt, „was sie ist und heute sein kann." Dieses Buch könnte eine empfehlenswerte Einführung in Ballauffs Denken überhaupt sein, weil es zum einen die „Grundgedanken einer neuen Pädagogik" ersichtlich macht, zum anderen versteht er seine Erörterungen selbst als – m.E. gut lesbare – geschichtliche Herleitung seiner *Systematischen Pädagogik*, die in erster Auflage bereits schon 1962 erschien, eine zweite folgte 1966 und eine dritte, umgearbeitete Auflage legte er 1970 vor. Im selben Jahre erschien Ballauffs Unterrichtstheorie, die *Skeptische Didaktik*, die er, wie es im Vorwort heißt, in der zweiten Auflage der *Systematischen Pädagogik* von 1966 „ausgespart" hatte. Über die *Schule der Zukunft* dachte er nach in einer kleineren schultheoretischen Schrift von 1964; eine dritte, erweiterte Auflage erschien 1968, in der er neben seiner Stellungnahme zu Einzelfragen, z.B. zu „Bildung und Wissenschaft", seine Überlegungen zur „künftigen Schulorganisation" vorbringt. Ein kleines Buch, das sicher eine größere Resonanz verdient hätte! –

Im Jahre 1969 kam der erste Band der monumentalen dreibändigen *Pädagogik*, einer *Geschichte der Bildung und Erziehung* heraus, 1970 und 1973 folgten die beiden anderen Bände.[4] Das Werk ragt schon seinem Umfang nach auf dem Felde pädagogischer Geschichtsschreibung heraus; noch beeindruckender ist die ganze Konzeption und die ausgewählte Linienführung, die eine Fülle von Originaltexten zugänglich macht und durch Interpretation und verbindende Darstellung den Zusammenhang des Ganzen sichtbar werden lässt. Von der 1982 in erster und 1984 in zweiter Auflage erschienenen Schultheorie mit dem – für Ballauff etwas merkwürdigen – Titel *Funktionen der Schule* ließe sich das gleiche sagen: im Sinne seines Konzepts einer „geschichtlichen Empirie" eine Untersuchung in „historischen Längsschnitten", die Vielzahl von „Funktionen" mit Quellentexten reichlich dokumentiert, ist ein Werk entstanden, das – wie Ballauff das im Vorwort ausdrückt – „für die Schule und die Bildung eine Lanze" bricht, zugleich aber als eine moderne Schulkritik gelesen werden muß.

Seit dem Jahr 1985 gibt es von Ballauff auch eine kleine Abhandlung über den Lehrer mit dem Titel *Lehrer sein einst und jetzt*. Der Untertitel lautet: *Auf der Suche nach dem verlorenen Lehrer*. Man möchte annehmen, dass Ballauff seine Arbeiten zur Schule, zur Didaktik, Schulpädagogik und Schultheorie mit dieser Schrift komplettieren wollte. So wird der „Lehrer gesucht" – und auch gefunden: allerdings nicht als Gärtner oder Bildner, nicht als Qualifikator oder Informator, sondern – und darum geht es in dem Büchlein – *als Lehrer*.

Im Jahre 1986 erschien Ballauffs *Pädagogik als Bildungslehre*, wenn man es so nennen darf, seine *Systematische Pädagogik* in neuem Gewande, die ihn, in Anknüpfung an frühere Gedankengänge, zu weiteren Einsichten geführt hat. Die zweite, erweiterte Auflage folgte 1989 und der dritten Auflage von 2000 liegt eine erheblich erweiterte Fassung des Werkes aus dem Nachlass zugrunde. In

---

[4] Mitarbeiter des ersten Bandes war Gert Plamböck; der zweite und dritte Band entstand in Zusammenarbeit mit Klaus Schaller.

diesem Werk sehen wir den Denkweg Theodor Ballauffs – wie es oben aus dem Vorwort zur *Systematischen Pädagogik* hieß – von der geläufigen „Anthropologie" zu „Ursprüngen" des Menschlichen, bei ihm in „Selbständigkeit im Denken" als „selbstlose Verantwortung der Wahrheit", an einer Stelle im unabschließbaren Gedankengang zwar, zum Abschluß gekommen.

Theodor Ballauff starb am 20. Dezember 1995. „Keine akademische Gedächtnisfeier / Würdigung / Laudatio der ‚Leistung'"![5] Dies eine seiner „letzten Bitten", die er schriftlich festhielt. Vielleicht die treffendste „Umschreibung" seines gelebten Bildungsgedankens – nämlich: *Selbstlosigkeit* in *Sachlichkeit* und *Mitmenschlichkeit*.

Die Frage ist jetzt, welche Gesichtspunkte sich für das beabsichtigte Porträt ergeben könnten. Der Einblick in sein Lebenswerk legt den Versuch nahe, den Umriss seiner Grundgedanken in zumindest *sechs* Themenkreisen, die Ballauffs Arbeitsgebiete umfassen, zu erschließen.

Eine Antwort auf die Frage, womit wir es in Theodor Ballauffs Theorie zu tun haben, wenn von Pädagogik die Rede ist, sollte der erste Versuch sein, das Porträt zu entwerfen.

---

[5] Theodor Ballauff – Pädagogik der „selbstlosen Verantwortung der Wahrheit". S. 7. Notiz in einem Aktenordner der Familie Ballauff.)

I. DIE BILDUNGSTHEORETISCHE BEGRÜNDUNG DER PÄDAGOGIK

1. Pädagogik – eine „Erziehungswissenschaft"?

Der erste Satz des Buches *Philosophische Begründungen der Pädagogik* lautet: „Mit Pädagogik haben wir es nur dann zu tun, wenn eine Antwort auf die Frage nach Sinn und Maß der Bildung gegeben wird."[1]

Mit diesem Satz macht Theodor Ballauff *drei* – für seine ganze Konzeption – wichtige Aussagen.

Zuerst sagt er, dass Pädagogik es mit der Bildung zu tun hat. Sodann, *zweitens*, fragt die Pädagogik, was Bildung *ist*. Damit meint Ballauff kein zeitloses „Wesen" der Bildung; er möchte – was er immer wieder betont – in einem Gedankengang Klarheit bekommen, was heute Bildung und Erziehung sind. Weil Ballauff also Pädagogik als Bildungstheorie allein dem Denken unterstellt, kann er durchaus von einer philosophischen Grundlegung seiner Pädagogik sprechen. Und *drittens* schließlich ist bedeutsam: Pädagogik als Theorie der „Bildung und Erziehung" ist keine Erziehungswissenschaft. Seine These lautet: „Empirische Forschung gewinnt ihre Berechtigung als Aufdeckung und Analyse des heute waltenden Erziehungsverständnisses, seiner Konzepte, ‚Konstrukte' und Tendenzen seiner Intentionen und Motivationen."[2] Sie „erforscht einen zufälligen geschichtlichen Stand unseres Vorstellungskreises, nämlich den jeweiligen, mit dem es der Forscher zu seiner Zeit, an seinem Ort zu tun hat."[3]

Ballauff selbst nennt sein Vorgehen eine „historische Empirie", die prinzipiell von der „experimentellen und synchronen Empirie" unterschieden werden muß.[4] Die diachronische Empirie – jedenfalls im Verständnis Ballauffs – fragt nach den „metaphysischen", oder sagen wir: „transzendentalen" Voraussetzungen pädagogischer Aussagen. Erst von daher werden Individualität und Personalität, Freiheit und Emanzipation, Mündigkeit und Verantwortlichkeit, Kenntnisse und Fertigkeiten, Gesinnung und Begabung gedanklich ausweisbar und einsichtig wie auch befragbar.[5] „Die Ermittlung des Maßgeblichen geschieht aufgrund geschichtlicher Gedankengänge, nicht aufgrund der synchronen Empirie."[6] Die Erziehungswissenschaft erforscht lediglich die Wirklichkeit der Erziehung in Haus und Schule, bei Völkern und Nationen, in verschiedenen Kulturen und

---

[1] Philosophische Begründungen der Pädagogik. Die Frage nach Ursprung und Maß der Bildung. Berlin 1966. (Erfahrung und Denken. Bd. 17.) S. 9f.
[2] Systematische Pädagogik. 3. Aufl. S 39.
[3] a. a. O. S. 37.
[4] a. a. O. S. 36f.
[5] a. a. O. S. 39.
[6] a. a. O. S. 41.

Gesellschaften, in Geschichte und Gegenwart. Ballauff fragt, ob in solcher Forschung und Erforschung nicht schon die Einsicht in das, was für Erziehung wesentlich ist, voraus gesetzt werden müsse, um heraus zu finden, wo es sich in der sogenannten Erziehungswirklichkeit in Wahrheit um Erziehung handelt und wo nicht.

„Man kann nicht von einer ‚Erziehungswirklichkeit' ausgehen. Es drängt sich doch die Frage auf: wie können wir feststellen und ausmachen, daß wir es mit ‚Erziehung' zu tun haben? [...] Das, was immer schon als ‚Erziehung' bezeichnet wird, könnte das Erforderliche gerade nicht sein, ja vielleicht sogar verkehrt haben. Wir können dann aus dieser ‚Wirklichkeit' nichts entnehmen, nichts erfahren, sondern müssen ihr auf den Kopf zusagen, was es mit ihr auf sich hat, nämlich gar nicht das Erforderliche zu sein. [...] So ist es historisch vor sich gegangen. Die pädagogischen Denker seit der Antike schildern keine ‚Wirklichkeit' ab, sondern versuchen sich an dem Entwurf des Angemessenen und Notwendigen, das sie ‚Erziehung' bzw. ‚Bildung' nennen. Die naive Voraussetzung, daß das ‚Wirkliche' schon das Vernünftige sei, machten sie nicht mit, sondern sie suchten, *dem Vernünftigen zur Wirklichkeit zu verhelfen.*"[7]

Nun mußte Ballauff feststellen, dass die aufgekommene „Erziehungswissenschaft" gar bald Sinnzuschreibungen erhielt, die sich in vielem mit Pädagogik nicht vereinbaren lassen. Dazu drei Beispiele:

1. Von einer verkehrenden Interpretation der Erziehungswissenschaft muß man sprechen, wenn sie als „Berufswissenschaft" der Lehrer bezeichnet wird. Sein Argument ist plausibel: „Der ‚Beruf des Lehrers' kann durch Erziehungswissenschaft begründet und gerechtfertigt werden, aber nicht umgekehrt. Das ‚Faktum' einer scheinbar fraglosen Tätigkeit kann nicht den Grund abgeben, eine Wissenschaft zur Dienstleistung heranzuziehen oder sie gar dadurch zu begründen."[8]

Die Berufswissenschaftsthese kann heute riskant werden, sowohl für die Erziehungswissenschaft wie für die Lehrer. Für die Erziehungswissenschaft: „Sind keine Lehrer mehr da, die ‚ausgebildet' werden sollen, oder braucht man nur eine geringe Anzahl, wird dies zum Bumerang für die Erziehungswissenschaft. Sie muß schrumpfen oder kann eingespart werden." Für die Lehrer: sie können um Wissenschaftlichkeit, Theorie und Pädagogik betrogen werden.[9]

2. Ballauff sieht die Erziehungswissenschaft auch in bestimmter Hinsicht verstellt, wenn sie als „Handlungswissenschaft" deklariert wird. Die These, sie habe das erzieherische Handeln zu erforschen, birgt die Gefahr ihrer Restriktion: mit Vorrang das zu „Erhandelnde", nur das Praktikable gelten zu lassen und der „Praxis" eine überhöhte Relevanz zuzuschreiben, die gerade erst durch *Theorie*, durch das Bedenken der Praxis durch die Theorie begründet und gerechtfertigt

---

[7] Pädagogik als Bildungslehre. 3., weitergearb. Auflage aus dem Nachlass. Hrsg. von Andreas Poenitsch und Jörg Ruhloff. Baltmannsweiler 2000. S. 19f.
[8] Pädagogik als Bildungsphilosophie 1. Studienbrief der Fernuniversität Hagen 1983. S. 34.
[9] Pädagogik als Bildungslehre. 3. Aufl. S. 10f.

werden müßte. „Sonst steht nicht einmal fest", sagt Ballauff, „was Praxis ‚ist'."[10]

3. Ebenso ist es eine Einengung, in der Pädagogik eine „praktische Wissenschaft" zu sehen. Sie ist Wissenschaft auch aus anderem Grunde:

„Die Pädagogik sagt – wie jede Wissenschaft – was ist und sein kann; sie sagt ebenso, was sein muß, damit etwas es selbst ist, ein Schwan ein Schwan, eine Uhr eine Uhr, Bildung in Wahrheit Bildung. Selbst wenn sich herausstellen sollte, daß Bildung in Wirklichkeit nicht erfüllbar, nicht erreichbar ist – oder nur von wenigen verwirklicht werden kann, würde Pädagogik als Wissenschaft gehalten sein, in der Theorie auszusagen und zu begründen, was Bildung ist."

Zum Exempel: „Auch wenn es keinen ehrlichen Menschen gäbe, so könnten wir doch ausmachen, was Ehrlichkeit ist. Erst dann erkennen wir, daß es keinen ehrlichen Menschen gibt, oder bewundern ihre ausnahmsweise beobachtbare Verwirklichung."[11]

Das alles sind Negativa, die nicht weiter verfolgt zu werden brauchen.

Die Pädagogik sah immer Menschlichkeit als „Ziel" und Wege zu ihr aufzuweisen als ihr Hauptthema an – Menschlichkeit nicht als Besitz und Habe, als Gabe und „Vermögen", sondern als ein stets neu zu vollziehendes „Ereignis".

Nach diesen wenigen Strichen dürfte man eine erste Einsicht gewonnen haben: Pädagogik ist *keine* Wissenschaft im strengen Sinne.

„Die reine Erziehungswissenschaft kann niemandem Auskunft über Erziehung erteilen im Sinne von Zielangaben, Maßgaben und Maßnahmen. Sie kann immer nur berichten, wer wo wie und zu welchem Ende erzogen hat und was einst und jetzt auf der Erde als Erziehung angesehen wurde, im 15. Jahrhundert in Frankreich, im 2. Jahrtausend v. Chr. bei den Ägyptern, im Jahre 1950 bei den Indianern am Titicacasee, in der Mitte des 20. Jahrhunderts in der Bundesrepublik Deutschland."[12]

Pädagogik *ist* eine Wissenschaft, wenn sie sich dem Denken unterstellt, d.h. wenn sie einen nachvollziehbaren Begründungszusammenhang darstellt, wenn sie ihre Aussagen, Thesen, Theoreme ebenso begründet wie ihre eigenen Grundlagen und Voraussetzungen.

Theodor Ballauff unterscheidet zwei Begründungsarten der pädagogischen Theoreme: die systematischen und die historischen Begründungen.[13] Von den systematischen Begründungen seien die philosophischen, die theologischen und die ethischen hier nur genannt. Im 20. Jahrhundert treten dann die anthropologischen und die sozialisationstheoretischen Begründungen in den Vordergrund.

In Verbindung mit dem Fragenkreis der Methodik kennzeichnet die Begründungsthematik die Wissenschaftlichkeit der Pädagogik.

---

[10] Pädagogik als Bildungsphilosophie 1. S. 34f.
[11] Pädagogik als Bildungslehre. 3. Aufl. S. 13.
[12] Systematische Pädagogik. 3. Aufl. S. 35.
[13] Pädagogik als Bildungsphilosophie 1. S. 20-22.

2. Geschichtliche Empirie – die „Wissenschaftlichkeit" der Pädagogik

Es geht Ballauff darum, gründlich zu durchdenken, was heute Bildung ist und was heute im Namen der Erziehung zu tun ist. Die Herleitung pädagogischer Maßgaben, sofern unsere Lebenssituationen und unsere pädagogischen Aufgaben Selbständigkeit im Denken, Ermessen, Urteilen erfordern, ermöglicht zuallererst die Historie. „Empirisch", betont Ballauff immer wieder, „ist hier wenig oder gar nichts auszumachen. Daher behält die Geschichte der Pädagogik – als eine Geschichte von infragestellenden und begründenden Gedankengängen – ihr großes Gewicht."[14]

Theodor Ballauffs Denkansatz einer „historischen Empirie" kann nicht besser formuliert werden als in Sätzen aus der Einleitung des ersten Bandes seiner dreibändigen Geschichte der Pädagogik. Dort schreibt er:

> „Nur geschichtlich läßt sich der Aufgabenkreis der Pädagogik ermessen, der uns heute gestellt ist. Nur so können wir die historische Aktualität pädagogischer Themen und Aufgaben ausweisen und uns vor bloß ephemerer oder von anderer Seite diktierter Aktualität schützen.[...] Bei einer solchen geschichtlichen ‚Aufarbeitung' ergibt sich nämlich, daß der Umfang der geschichtlich aufgekommenen Probleme noch keineswegs erschöpft ist, ja vieles zu Unrecht allzuschnell verdrängt und unbeachtet geblieben ist. Wie vieles an Argumentation und Demonstration ist schon vergessen worden und wird uns mit Emphase als neue Erkenntnis vorgetragen! All dieses Vergessen, all diese Unkenntnis und Geschichtslosigkeit rächt sich. Die moderne Erziehungswissenschaft schwebt weithin über dem Abgrund undurchdachter Probleme und Axiome, sie beruhigt sich bei unausgewiesenen Positionen und Postulaten. Die Skala reicht von den Zielsetzungen der kulturellen Adaptation und eines ‚effektvollen' Lebens über das Erlernen von ‚Kulturtechniken' und Verständigungsmitteln bis hin zur Freiheitsproblematik und der These personaler Mündigkeit. Mit all solchen Konzeptionen hat man sich schon historischen Gedankenmatrizen überantwortet, die dann uns ‚denken lassen', ohne das wir uns wenigstens dieses ‚Geheißes', dieser ‚ideologischen Ausrichtung', dieser aus einer langen Geschichte uns gefangenhaltenden metaphysischen Voreingenommenheit überhaupt bewußt werden. – Da hilft nur Nach-Denken."[15]

So besteht Wissenschaftlichkeit bei Ballauff in einem denkenden Vorgehen, als Gedankengang.[16] Die Themenstellung der Pädagogik als Wissenschaft „erwächst aus der geschichtlichen ‚Ideation', durch die Erhellung des im Denken sich Erschließenden zur ‚Idee', d.h. zu einem Allgemeinen, Umfassenden. So nur können wir es mit Bildung, Erziehung, Unterricht zu tun haben".[17]

Nun ist auch Ballauffs bildungstheoretischer, sein noetischer Ansatz an seine Voraussetzungen, die Maßgaben des Denkens gebunden. Wo sind sie zu finden?

---

[14] Pädagogik als Bildungslehre. 3. Aufl. s. 91.
[15] Pädagogik. Eine Geschichte der Bildung und Erziehung. Bd. I. Freiburg u. München 1969. S. 15.
[16] Systematische Pädagogik. 3. Aufl. S. 13.
[17] Pädagogik als Bildungslehre. 3. Aufl. S. 10.

Seine Antwort: in der geschichtlichen Tradition, bei den „Klassikern". Ihre Lehren haben „präjudiziellen Wert" für unser Gegenwartsverständnis: „Wir finden bei ihnen jene Vor-Urteile und Voraussetzungen, aus denen auch wir noch denken, sprechen und Erziehung verstehen. Wir müssen uns dieser bewußt werden, gleichgültig ob wir sie weiterhin anerkennen oder infragestellen."[18] An anderer Stelle: „Den großen Gedankengang von Parmenides bis auf unsere Tage müssen wir verfolgen, wenn wir in Sinn und Maß der Bildung hineinfinden wollen."[19]

Pädagogik – oder auch Erziehungswissenschaft – im Sinne einer „historischen Empirie" besagt also bei Ballauff, dass es gelte, die geschichtliche „Erfahrung" der Bildung im „Lichte ihres Gedankens" darzustellen und für eine moderne pädagogische Systematik verbindlich werden zu lassen.

3. Die Unumgänglichkeit einer pädagogischen Systematik

Aus diesen Einsichten in die Wissenschaftlichkeit der Pädagogik begründet Theodor Ballauff dann auch die Notwendigkeit einer pädagogischen Systematik. Wir betrachten diese Begründung noch einmal vor dem Hintergrund seiner Unterscheidung zwischen der experimentellen, synchronischen Empirie – sie erforscht die Erziehungswirklichkeit (Tatsachenforschung) – und der historischen Empirie – sie vollzieht sich zuerst und zuletzt als Gedankengang. Das ist es doch, was Ballauff immer wieder betont: Erkenntnisse, Einsichten, die Ermittlung des heute Maßgeblichen – all dies geschieht aufgrund geschichtlicher Gedankengänge und nicht aufgrund der gegenwärtigen empirischen Forschung. Pädagogische Systematik ist daher unerlässlich. Wenn wir denken, denken wir stets unter der Voraussetzung des Ganzen und auf das Ganze hin.

Dieses Ganze aber kann nicht in einem „System" gedacht werden, denn es ist nicht gegenständlich, nicht wahrnehmbar bzw. sinnlich erfahrbar, wohl aber in einer Systematik,

„die das Ganze in immer wieder anderen ‚Teilen', die wir als Bereiche oder Gebiete bezeichnen, erschließt und damit in eine intellektuelle (einsichtige), rationale (begründbare), logische (folgerichtige, ableitbare) Ordnung bringt. Darin steckt das Empirische in strengem Sinn. Ohne einen gedanklichen Aufschluß dieser Art würden wir gar nichts erfahren."[20]

Für den Aufweis der Unerlässlichkeit einer pädagogischen Systematik greift Ballauff auf Stellen aus der *Architektonik der reinen Vernunft* zurück, die Kant in der *Kritik der reinen Vernunft* darlegt. Dort heißt es:

---
[18] Systematische Pädagogik. 3. Aufl. S. 37.
[19] Philosophische Begründungen der Pädagogik. S. 10
[20] Ist systematische Pädagogik heute noch möglich und notwendig? In: Vierteljahrsschrift für wissenschaftliche Pädagogik (1984). S.428.

„Unter der Regierung der Vernunft dürfen unsere Erkenntnisse überhaupt keine Rhapsodie, sondern sie müssen ein System ausmachen, in welchem sie allein die wesentlichen Zwecke derselben unterstützen und befördern können. Ich verstehe aber unter einem Systeme die Einheit der mannigfaltigen Erkenntnisse unter einer Idee. Diese ist der Vernunftbegriff von der Form eines Ganzen, sofern durch denselben der Umfang des Mannigfaltigen sowohl, als die Stelle der Teile untereinander, a priori bestimmt wird. Der szientifische Vernunftbegriff enthält also den Zweck und die Form des Ganzen, das mit demselben kongruiert. Die Einheit des Zwecks, worauf sich alle Teile und in der Idee desselben auch untereinander beziehen, macht, daß ein jeder Teil bei der Kenntnis der übrigen vermißt werden kann, und keine zufällige Hinzusetzung oder unbestimmte Größe der Vollkommenheit, die nicht ihre a priori bestimmten Grenzen habe, stattfindet. Das Ganze ist also gegliedert (*articulatio*) und nicht gehäuft (*coacervatio*); es kann zwar innerlich (*per intus susceptionem*), aber nicht äußerlich (per *appositionem*) wachsen, wie ein tierischer Körper, dessen Wachstum kein Glied hinzusetzt, sondern ohne Veränderung der Proportion ein jedes zu seinen Zwecken stärker und tüchtiger macht."

Auch eine Wissenschaft kann erst zustande kommen, wenn ihr eine „Idee" zugrunde liegt.

„Niemand versucht es, eine Wissenschaft zustande zu bringen, ohne daß ihm eine Idee zum Grunde liege. Allein in der Ausarbeitung derselben entspricht das Schema, ja sogar die Definition, die er gleich zu Anfang von seiner Wissenschaft gibt, sehr selten seiner Idee; denn diese liegt, wie ein Keim, in der Vernunft, in welchem alle Teile noch sehr eingewickelt und kaum der mikroskopischen Beobachtung kennbar, verborgen liegen. Um deswillen muß man Wissenschaften, weil sie doch alle aus dem Gesichtspunkte eines gewissen allgemeinen Interesses ausgedacht werden, nicht nach der Beschreibung, die der Urheber derselben davon gibt, sondern nach der Idee, welche man aus der natürlichen Einheit der Teile, die er zusammengebracht hat, in der Vernunft selbst gegründet findet, erklären und bestimmen."[21]

Für unser Thema ist hier zweierlei hervor zu heben. Zum *einen* bedürfen unsere Erkenntnisse und Theoreme eines „Systems" bzw. einer Systematik, in der sie nicht „rhapsodisch" und – wie Kant noch sagt – anstelle methodischen Vorgehens „tumultuarisch" in Erscheinung treten. Zum *anderen* – eine wesentliche Einsicht – untersteht nach Kant ein solches System einer „Idee", einem Leitgedanken,

„der ein Ganzes – etwa das ‚Pädagogische' – übergreift und konstituiert, aber eben in systematischer Weise. Wenn es diese Idee für den pädagogischen Bereich nicht gibt, ist keine Systematik möglich. Wir wissen dann noch nicht einmal, ob etwas zum ‚Pädagogischen' gehört. Die Idee ist demnach mehr als eine Definition: Sie umfaßt Ziel, Maß und Grenze – sie begründet und sie rechtfertigt."

Ballauff fragt: „Gibt es für die Pädagogik eine solche ‚transzendentale Idee', die ihren Aufbau systematisch durchzuführen gestattet und zugleich systematische Pädagogik unumgänglich macht?"

---

[21] I. Kant: Kritik der reinen Vernunft. B. 860-862.

Seine Antwort: Es gibt eine solche leitende „Idee" für die Pädagogik – die *Idee der Menschlichkeit*. Sie erst ermöglicht den theoretischen Entwurf einer systematischen Pädagogik. Die Idee der Menschlichkeit „gibt Ziel und Weg voraus, sie muß ein Maß angeben, und sie stellt eine Aufgabe." Diese „Idee" wird sicher auch so manche andere Wissenschaft für sich reklamieren, bei der Pädagogik ist darüber hinaus ein differenzierendes Kennzeichen heraus zu stellen: „sie erwächst aus dem Wissen um die unerreichte „Menschlichkeit", und es ist ihr Anliegen: „sie möchte Menschlichkeit erreichbar werden lassen. Wir wissen sehr wohl seit langem, daß wir uns zwar Menschen nennen, daß aber die Menschlichkeit, die uns zu dieser Benennung das Recht gibt, keineswegs vollzogen und erfüllt wird." Die Pädagogik „stellt das Ausgreifen nach der noch nicht ergriffenen Menschlichkeit dar, den großen ‚Wurf' nach ihr, den ‚Entwurf' ihres Inhaltes."[22]

Von den Positiva einer Systematik, die Ballauff anführt, hier nur die drei folgenden:

1. Systematik denkt sich selbst weiter. „Ihre Logizität besteht in der Folgerichtigkeit und Schlüssigkeit, ebenso in der Platzanweisung für ein jedes, das in sie eingeht, und einer Platzvorhersage für jedes, das in sie eingehen müßte, wenn es ihr auch noch nicht gegenständlich geworden ist." – Dies erklärt Ballauffs Abwehr der „absoluten Exklusivität" eines „Systems" mit seiner „Endgültigkeit der Beantwortung aller Lebensfragen" und seine Inanspruchnahme einer Systematik für seine Theorie, die – wie es im Vorwort zur dritten Auflage seiner *Systematischen Pädagogik* heißt – „eine Stelle im unabschließbaren Gedankengang" bezeichnet, „der auf das Weiterdenken in Theorie und Empirie angewiesen bleibt."

2. Die Systematik fragt auf die jeweiligen Voraussetzungen zurück. Zu ihrer Begründung und Rechtfertigung gehört dieser Rückgang auf die geschichtlichen Grundfragen. Ballauff muß der „unsystematischen Erziehungswissenschaft" vorhalten, „die Pädagogik weitgehend entproblematisiert und an die Stelle jener alten Fragen und Voraussetzungen ihre eigenen, z.T. selbst gefertigten Probleme gesetzt" zu haben. „Der Verlust der großen Grundfragen bedeutet die Verarmung zu monistischen Theorien und Thematiken, die dann in einigen favorisierten Wissenschaften in unabschließbarer Weise behandelt werden." Im ganzen eine „Verkürzung und Entleerung der Systematik"!

3. Man kann beim Aufbau einer Systematik nicht von „Grundbegriffen" ausgehen; „denn diese definieren sich aus der Systematik und sind nur an diesem ihrem Ort sinnvoll. [...] Wir können nur von Interpretationen ausgehen, die wir historisch aufweisen, die diese oder jene Intention und Implementation als ‚Erziehung' deklarieren."[23]

---

[22] Pädagogik als Bildungslehre. 3. Aufl. S. 18f.
[23] a.a.O. S. 19f.

Das bisher Gesagte zusammengefasst: Nach Kant untersteht eine Systematik, ein gegliedertes Ganzes, einer „Idee", einem Leitgedanken, der es zusammen hält und konstituiert. Als „Leitidee" für den Aufbau einer pädagogischen Systematik wird von Ballauff die *Menschlichkeit* genannt. Menschlichkeit als Ziel und Wege zu ihr aufzuweisen, sah die Pädagogik immer als ihr Hauptthema an – Menschlichkeit nicht als Besitz, als Gabe und „Vermögen", sondern als Inanspruchnahme und Aufgabe, in deren Entsprechung und Erfüllung wir uns überhaupt erst „Menschen" nennen dürfen.

Wie vieles in unserem Lebensalltag einer solchen sachlichen und mitmenschlichen Entsprechung auch entgegen stehen mag – „wir müssen nach Menschlichkeit suchen und sie erreichbar werden lassen. Das ist die Grundthese der Pädagogik."[24]

---

[24] a. a. O. S. 19.

II. BILDUNG ALS WENDE ZUR MENSCHLICHKEIT

1. Die Wende in der pädagogischen Fragestellung

Theodor Ballauff beginnt seine Kritik an der Anthropologie an einer Stelle seiner Schriften mit dem Satz:
„Der Mensch ist dem Kosmos seine Katastrophe."
Das ist gewiss Anlass zu einem tieferen Nachdenken! – Kein Gott und kein Wesen, kein Tier und keine „Natur" werden dem Kosmos zum Unheil, sondern der Mensch, – die „Krone der Schöpfung", der in unserer Zeit von Wissenschaft und Technik ermächtigte Mensch, der „entfesselte Prometheus" (H. Jonas). In diesem Sinne heißt es dann weiter:

„Im Menschen, in seiner faktisch dargelebten Menschlichkeit bricht alles hervor, was bis zum Auftreten der Menschen noch in Bahnen und Banden gefaßt war, werden alle ‚Instinkte', Affekte, Emotionen, Leidenschaften ihrer Bindung ledig, werden die Sinne maßlos, wird das Denken zum Willen, der letztlich nur sich selbst zu bestätigen sucht durch Herrschen und Haben; Selbstsucht in Herrschsucht und Habsucht zerstört den Kosmos, wie sie die Menschheit selbst zerstört."[1]

Diese strenge Antithese Ballauffs ist nur der Ausdruck seiner grundsätzlichen Einwände gegen die geläufigen anthropologischen Theorien. Ich hebe nur zwei von ihnen hervor, weil sie eine Wende in der Fragestellung signalisieren.

„Es ist unmöglich, die Menschlichkeit aus dem Vergleich mit den Tieren herzuleiten, da das meiste, was man bei den Tieren feststellt, vom Selbstverständnis des Menschen her ‚erschlossen' ist. Man bewegt sich also in einem Zirkel. [...]
Es ist unmöglich, die Menschlichkeit aus Anlagen zu ‚erklären'. Von Anlagen oder Veranlagung wissen wir hinsichtlich des Zöglings, des Kindes, des Schülers gar nichts. Mit jenen haben es die Eltern, die Lehrer nicht zu tun. Erst eine Metaphysik legt das Tun und Lassen, das Lernen und Versagen des zu Erziehenden auf ‚Potenzen' hin aus, mit deren Behauptung wir uns beruhigen."[2]

Ballauff kommt bei seinen Überlegungen zu der Frage, ob man das Sein des Menschen überhaupt angemessen durch eine „Anthropologie" erkennen kann. Die Anthropologie fragt nach „dem Menschen" und kommt zu lauter „Wesensaussagen": Der Mensch ist ein „animal rationale", ein „Mängelwesen", eine „physiologische Frühgeburt", u.s.f.
Theodor Ballauff fragt in seiner Pädagogik nicht nach dem Menschen, sondern nach der *Menschlichkeit*. Sie wird bei ihm allerdings ontologisch – wir können hier wohl schon im Anklang an Heidegger sagen fundamentalontologisch – begründet. Ballauff fragt überhaupt nicht nach „dem Menschen" als einem Seienden unter Seiendem (wie nach Baum Haus oder Vogel), er fragt

---
[1] Pädagogik als Bildungslehre. 3. Aufl. S. 176.
[2] a. a. O. S. 28f.

nach dem fundamentalen Bezug des Menschen zum *Sein* alles Seienden, nach dem Menschen in Bezug zur *Wahrheit* von Dingen, Wesen und Mitmenschen. Erst von dieser „Erschlossenheit" als vorgängigem In-der-Welt-Sein her wird das Sein des Menschen, seine *Menschlichkeit* sichtbar.

Ballauff sieht in der Philosophie Heideggers, genauer: in seiner Fundamentalontologie die Grundlage für den Aufbau einer neuen, zeitgemäßen pädagogischen Theorie.

„Heidegger geht [...] nicht vom Menschen aus, etwa als Lebewesen, als animal rationale, sondern von der Menschlichkeit als dem Sein des Menschen. Von diesem Sein her versucht sein Denken, das Menschliche sichtbar werden zu lassen, also den Menschen als ein Seiendes aufzuweisen, das von einem so oder so zu kennzeichnenden Sein her ist, was und wie es ist."[3]

Als Grundverfassung des menschlichen Daseins nennt Heidegger das In-der-Welt-Sein. Es rückt ins Zentrum der an Heideggers Philosophie orientierten Pädagogik Theodor Ballauffs.

Aufgrund jenes In-der-Welt-Seins werden wir Menschen überhaupt erst als Menschen unserer Welt und der Dinge ansichtig: „Ich", „Wir", „Selbst", „Andere" und „Anderes" bekommen überhaupt erst aus jener Zugehörigkeit des Menschen zum Sein ihren Sinn. Erst aufgrund jener vorgängigen Erschlossenheit können wir Menschen uns darüber verständigen, wo es sich um Menschlichkeit handelt auf dieser Welt und wo nicht, – aber eben auch um Un-menschlichkeit!

„Fragen wir nach der Menschlichkeit und nicht nach dem Menschen als einem Wesen unter anderen Lebewesen, so könnte sich ergeben, daß die Menschlichkeit weit über Inhalt und Gegenstandsbereich einer ‚Anthropologie' hinausweist."[4]

Das besagt doch: Fragen wir nach dem Dasein des Menschen als In-der-Welt-Sein, fragen wir nach dem fundamentalen Bezug des Menschen zum Sein von Dingen, Wesen und Mitmenschen und nicht nach „dem Menschen", so ist „der Aufschluß über die Menschlichkeit", sagt Ballauff, „nur aus der geschichtlichen Selbsterfahrung der Menschen in Gestalt des Miteinanders und Gegeneinanders der geschichtlichen Interpretationen zu gewinnen."[5] Jede Anthropologie greift zu kurz, erreicht nicht die Menschlichkeit des Menschen, wenn sie von dem transzendierenden Bezug des Menschen zum Sein im Ganzen absehen und sich auf den Menschen als „Tatsache der Natur" oder der „Historie" einschränken zu können glaubt.

Die folgenden Schritte sollen daher der Versuch sein, unter der veränderten Fragestellung das, was bei Ballauff Menschlichkeit besagt, zu skizzieren.

---

[3] Philosophische Begründungen der Pädagogik. S. 207.
[4] a. a. S. 12.
[5] Pädagogik als Bildungslehre. 3. Aufl. S. 30.

2. Der Mensch im Anspruch der Wahrheit

Den Gedankengang Theodor Ballauffs mitzuvollziehen, erfordert gewiss eine denkerische Anstrengung. Das dürfte zum einen daran liegen, dass Ballauff von unserem heutigen pädagogischen Selbstverständnis zurück denkt zu den „Ursprüngen" des Menschlichen, zum anderen, dass sein Ausgang vom Sein – und nicht vom Seienden – ein Umdenken von den jenem Selbstverständnis zugrunde liegenden „metaphysischen" Voraussetzungen her, etwa von Ding oder Substanz oder Subjekt in die „Offenheit" von „Denken" und „Wahrheit" erfordert.

Ballauffs Bildungstheorie müssen wir als eine radikale Kritik an der anthropozentrischen Bildungslehre der Neuzeit lesen. „Sie erwächst", so in seiner *Systematischen Pädagogik*, „aus der Voreingenommenheit des Menschen, sich selbst als Seiendes vorauszusetzen und zu suchen.". Die anthropozentrische Bildungslehre bezeichnet Ballauff als die „primäre Fundamentalideologie" des Menschen".[6]

Ihr korrespondiert eine „Selbstverwirklichungsideologie" mit ihrem „Grundgedanken, alles Seiende in den Dienst eines menschlichen – singulären oder kollektiven – Selbstes zu stellen"[7], die den Dingen und Sachverhalten, ja auch den Mitmenschen nur noch unter dem Utilisierungsaspekt einen Platz im Ganzen einräumt und sie somit instrumentalisiert und mediatisiert. – „Predigt man die ‚Selbstverwirklichung', so gehört dazu auch die Aufforderung zur Selbstdarstellung. ‚Sich selbst' stellt jeder am besten dar, wenn er sich in seiner ganzen ‚Kraft und Stärke' präsentiert und zugleich das ‚Gefühl' der ‚Überlegenheit', der Macht erfährt. Daß er ‚wer' ist, verstehen die anderen auf diese Weise am besten – also auf die Straße und ‚sich gezeigt'! Kein Auto darf zu schwer sein, kein Pflasterstein zu groß."[8]

Sollte nicht in dieser Selbstsuche, in der ständigen Sorge des Menschen um seinen Bestand, um sein Heil gerade eine Verkehrung des Menschlichen liegen? Vielleicht könnte der Versuch, über Menschlichkeit heute erneut nachzudenken, zu dem Ergebnis führen, dass die „Sonderstellung" des Menschen darin besteht, „nicht sich am Leben zu erhalten, sondern um den Kosmos entweder in sich und seiner Unmenschlichkeit scheitern zu lassen, oder ihm einen Weg in die Zukunft zu bahnen." Gesetzt den Fall, der Kosmos wäre „in uns Menschen mit seiner Weisheit am Ende; die Menschlichkeit der Menschen bestünde dann darin, denkend Mittel und Wege zu finden und zu konstruieren, die weiter helfen. Lassen wir einmal das Konzept der göttlichen Ökonomie oder Disposition beiseite, dann muß eine andere Instanz der Welt, der Gesellschaft Bestand und Ausge-

---

[6] Systematische Pädagogik. 3. Aufl. S. 12.
[7] Pädagogik als Bildungslehre. 3. Aufl. S. 96.
[8] a. a. O. S. 65.

staltung gewähren, nämlich das Denken in Einsicht und Erkenntnis, in Konzeption und Konstruktion, in Ideation und Emendation."[9]

Ballauff kommt in seiner Auseinandersetzung mit der neuzeitlichen Bildungslehre zu der Gegenthese: „Der Mensch hat nicht ein ‚Selbst' zu suchen wie ein Seiendes, sondern er ist er selbst, wenn er sich dem ‚Denken' und der ‚Wahrheit' zugehören läßt."[10]

Mit dieser Antithese setzt Theodor Ballauff sich ab von der „Grundstruktur" der neuzeitlichen Bildungslehre und begründet eine neue systematische Pädagogik – eine *Pädagogik der Menschlichkeit.*

Zugehörigkeit zur Wahrheit – das meint nicht eine feststellbare Eigenschaft des Menschen, sondern in ihr werden die Dinge und Wesen dieser Welt ihrer selbst erst ansichtig auf das hin, was sie sind und sein können. Hier wird die lange Tradition der griechischen *Paideia* ersichtlich, die ja in dieser Zugehörigkeit das Wesen des Menschen, die Menschlichkeit erblickte.

Ebenso ist es mit dem Denken. Das Denken ist kein Besitz des Menschen, keine aufweisbare, festzustellende Habe. Es wird ihm gewährt oder, wie es bei Ballauff öfter heißt, er wird ins Denken einbezogen. Es besagt ein *Ereignis,* das den Menschen hervor ruft in die „Offenheit eines Ganzen, in welcher Offenheit wir unser selbst erst ansichtig werden."[11] In der „Helle" des Denkens werden auch Gefühle, Emotionen und Affekte erfahrbar und als solche abhebbar vom „Gedanklichen". Ballauff kann deshalb auch sagen, dass das Denken nicht vom Menschen aufgebracht werde, sondern – umgekehrt – das Denken ihn aufbringe. Das heißt also: das in jenen Aussagen umschriebene Geschehen steht nicht in des Menschen Macht. Denken, Einsicht, Wahrheit kennzeichnen das Geschehen als das, worin ihm seine Menschlichkeit zukommt. Dieses Denken „konstituiert" den Menschen auch nicht als ein bestimmtes Seiendes, etwa als „Zoon logon echon" oder als „Zoon politikon", sondern lässt erst in seinem „Licht" den Menschen seiner selbst ansichtig werden oder gewährt Einsicht in sein „Wesen". Denken kommt also, so kann man sagen, als Helle oder auch „Erschlossenheit" über den Menschen.[12]

Denken ist ein eigenartiges „Phänomen", das uns nicht zur Verfügung steht und das uns auch nicht „beigebracht" werden kann. Von dem ursprünglichen Ereignis des Denkens als „Helle" wird gesprochen, wenn wir sagen, dass uns etwas „einleuchtet", dass uns „ein Licht aufgeht", dass dies oder jenes uns „klar" wird. Wir wissen aber auch zu gut, dass das Bedenken und Nachdenken bei aller

---

[9] Der Bezug der Bildung auf Wahrheit. In: Emendatio rerum humanarum. Frankfurt am Main 1985. S. 131.
[10] Systematische Pädagogik. 3. Aufl. S. 13.
[11] Pädagogik der selbstlosen Verantwortung der Wahrheit oder Bildung als „Revolution der Denkungsart". In: Erziehungswissenschaft der Gegenwart. Hrsg. v. Klaus Schaller. Bochum 1979. S. 13.
[12] a. a. O. S. 15.

Anstrengung uns oft genug „im Dunkeln" lässt, die rechten Gedanken und „Einfälle" nicht „kommen", wenn wir sie uns wünschen oder sie gerade „brauchen". –
Lehrer und Erzieher wissen von dieser Unverfügbarkeit des Denkens und der Einsicht zu berichten!

Der Ausgang vom In-der-Welt-Sein läßt es nicht mehr zu, von einem Gegenüber von „Mensch und Welt", „Person und Sache", „Subjekt und Objekt" zu sprechen. Diese Gegenüberstellungen setzen doch – insgeheim – erst jenen „transzendentalen Horizont" voraus, wenn es darum geht, über „den Menschen" nachzudenken.

„In-der-Welt-Sein besagt umgekehrt, daß der Mensch erst von dieser Erschlossenheit her in die Sicht kommt und sich als dieser oder jener versteht, sich distanziert und identifiziert. [...] Ein Gegenüber von ‚Welt und Person' ist Phase des In-der-Welt-Seins, nicht Ursprung und Ausgang."[13]

Zugehörigkeit zur Wahrheit – das heißt, jeden Mediatisierungs- und Utilisierungsgedanken verabschieden; und damit sicher auch dem „Ego-Taktiker" in die Quere kommen, der immer nur die taktische Frage stellt: „Was bringt mir das?"
– Erschlossenheit als die Wahrheit kann nicht Mittel und Medium des menschlichen Lebensvollzugs und seiner Sicherung und auch nicht auf bloße Nützlichkeit gerichtet sein.

„Von Menschlichkeit können wir also erst dann in strengem Sinn und vollem Umfang sprechen, wenn das Wesen, das Mensch werden kann, sich jener Erschlossenheit als der Wahrheit zugehören läßt, die dann nicht mehr Mittel und Medium bedeutet, sondern die Erfüllung der Menschlichkeit selbst."[14]

Der „Ausgang vom Denken" führt Ballauff zu der für seinen ganzen Ansatz fundamentalen Einsicht, „daß der einzelne gar nichts als Besitz und Eigentum erhält, sondern daß vielmehr das Verhältnis der Zugehörigkeit an die Stelle des Eigentumsverhältnisses tritt. Ich gehöre einer Sache und einem Mitmenschen zu als ihre Pfleger, als ihr Sprecher, als derjenige, der sie ins Werk setzt oder jemandem mit Rat und Tat beisteht."[15]

In diesen Sätzen hören wir aber auch den Anspruch heraus, der aus der Zugehörigkeit des Menschen zur Wahrheit an den Menschen, treffender: an uns Menschen ergeht.

Es ist Ballauffs, ja seine ganze Pädagogik tragende Grundeinsicht, dass der Mensch der Wahrheit zugehört und die Wahrheit an uns Menschen einen Anspruch stellt. Zu fragen ist nun: Was meint Anspruch der Wahrheit bzw. Inanspruchnahme durch die Wahrheit? Fragen wir, woraufhin uns Menschen die Wahrheit in Anspruch nimmt, so lautet die Antwort: Dingen, Lebewesen, Mitmenschen, Verhältnissen und Ordnungen ihr Selbstsein zu gewähren,– das heißt,

---
[13] Philosophische Begründungen der Pädagogik. S. 233.
[14] Systematische Pädagogik. 3. Aufl. S. 48.
[15] a. a. O. 62.

was sie von sich her sind und sein können. „Ein jedes als es selbst zu denken, es freizugeben in seine unversehrte Anwesenheit – diese Formulierungen umschreiben den Anspruch, ein jedes ohne Teleologie und Theologie, ohne Ideologie und Analogie zu bedenken."[16]

Die „Grundformel des Wahrheitsanspruchs" – so könnte man diese Umschreibung bezeichnen.

Mit Ballauff wird man fragen müssen, ob geschichtlich bisher einem solchen Anspruch, einer solchen Aufgabe je entsprochen worden ist, ein jedes unabhängig von bloßer Zwecksetzung, vorgängiger Moral, Normen setzenden Institutionen und „Weltanschauung" zu sehen, zu beurteilen und frei zu geben.

> „Alles dient Zwecken oder einem letzten Zweck oder Ziel; alles erscheint als Geschöpf Gottes und dient seiner Verherrlichung; alles steht unter Ideen oder einer Idee und dient ihrer Verwirklichung und Ermächtigung im schon Bestehenden; alles wird in Analogien gedacht und in anderem und durch anderes ausgesprochen und wiedergegeben; letztlich macht alles das große Analogon zu seinem verborgenen Ursprung und Schöpfer aus. Ein jedes wird auf diese Weise schon immer überschritten zu dem, was es nicht ist.
>
> So sind wir eigentlich nie recht bei dem, womit wir es zu tun bekommen, was wir zu bedenken und zu bewerkstelligen haben, sondern immer schon darüber hinaus bei einem Zweck, einem Ziel, einer Idee und letztlich bei einer Macht, die es zu ermächtigen gilt mittels des anderen."

Dann stellt Ballauff die sein bildungstheoretisches Denken leitende Frage: „Sollten wir heute nicht an den Punkt gelangt sein, wo wir nicht nur jene ‚Unsachlichkeit' durchschauen, sondern auch darangehen können, einmal ohne Teleologie und Ideologie, ohne Theologie und Analogie Sachen und Mitmenschen, Verhältnisse und Zustände, Staaten und Völker zu bedenken?"[17]

Die Zugehörigkeit zur Wahrheit stellt an uns Menschen, an jeden einzelnen von uns diesen Anspruch.

„Ein jedes als es selbst zu denken" – diese Formulierung enthält den schlichten Anspruch, dass wir aus dem großen Zusammenhang wieder auf das Einzelne zurück kommen müssen. Freigabe eines jeden Einzelnen in seine unverstellte, „unverhüllte" Anwesenheit bedeutet, ein jedes aus Medialität und Instrumentalität zu befreien und als es selbst zu denken, zu behandeln und zu beurteilen. Dem Anspruch der Wahrheit wird nur dann entsprochen, wenn etwas angemessen, das heißt nach dem Maß des Ganzen, dem es angehört, unverborgen und unverstellt in Erscheinung treten und anwesend sein kann, zugleich aber seine Herkunft nicht vergessen wird. Wenn Dinge und Wesen nicht an ihrem geschichtlichen Ort belassen und von dorther bedacht und ausgesagt werden, bleibt ihnen die volle Anwesenheit verwehrt.

Es stellt sich aber eine ernst zu nehmende Frage: Wieweit gelingt es uns jeweils, dem hier umschriebenen Anspruch zu entsprechen? Wir entsprechen

---

[16] a. a. O. S. 97.
[17] a. a. O. S. 98.

ihm keineswegs, solange wir im alltäglichen Vorstellen befangen bleiben. Vorstellen geht vom Ich, vom Subjekt aus, das als der „Vorstellende" und Tätige in seinem Gegenüber Objekte unterscheidet. Denken, wie es in Ballauffs Konzeption zugrunde liegt, geht von Sache und Mitmensch aus, um ihnen in ihrem Anspruch auf Sein und Wahrheit, in ihrer „Anwesenheit" zu entsprechen.

Auf eine kurze „Formel" gebracht: Es geht nicht um ein Vorstellen des „Wahren" oder um „Wahrheiten", sondern um ein Denken der Wahrheit.

An die Pädagogik Theodor Ballauffs wird zuweilen die Frage gestellt, inwieweit der universale Anspruch der „Wahrheit des Seins" die Geltung eines Maßstabes habe, nach dem der auf den Anspruch Antwortende ermessen könnte, ob er in einer bestimmten Situation richtig denkt, spricht und handelt. Diese Frage ist gewiss nicht sogleich abzuweisen.

Dennoch: Geht es um selbständiges Ermessen, gemeinsames Beraten und Beurteilen, dann kann die Frage nach dem geltenden „Maßstab" nur wie eine Verlegenheit erscheinen oder eine „Pädagogik" favorisieren, die darauf abzielt, jedem das Selbstermessen durch fixe Maßstäbe abzunehmen. Darum kann es hier nicht gehen. Uns bleibt das prüfend hörende Entsprechen, dass wir immer das Ohr öffnen und dem uns immer aufs neue ansprechenden Ruf aus der „Welt", vom umgreifen Ganzen her nach kommen. Vorausgesetzt wird allerdings, dass wir nicht *bewusst* verhüllen und verstellen, etwa aus „Rücksicht" auf die eigene Situation oder die unserer Mitmenschen. „Die Wahrheit ist rücksichtslos", sagt Ballauff. „Um sie zu erreichen, müssen alle Rücksichten überstiegen werden."[18]

Die Zugehörigkeit des Menschen zur Wahrheit wird für Ballauff die fundamentale Einsicht in das Wesen des Menschen, damit aber auch die Inanspruchnahme durch die Wahrheit als der Versuch, alles was ist und wird als es selbst zu sehen und zu behandeln und ihm seinen angemessenen „Ort" im Kosmos zuzuweisen.

Dieser Inanspruchnahme muss der junge Mensch von früh an ausgesetzt werden, nicht der „Motivation seines Willens" oder der „Freiheit" als „Gesetz des Willens". Wir, die wir heute primär aus Wollen, Leisten, Erfolg, aus willentlichem Selbstvollzug hervor gehen, müssen immer erst aus ihm hervor gerufen und der ursprünglichen Inanspruchnahme durch die Wahrheit zugeführt werden.

Die Aufgabe aller Erziehung und allen Unterrichts ist es daher, den Heranwachsenden ständig von neuem aus *sich*, aus „Wille" und „Selbst" an den „Ort" zu ziehen, wo ihm Verantwortung, nämlich für die Wahrheit der Dinge und Mitmenschen einzustehen, aufgeht. Dabei muss sie an dem Unbedachten und Bedenklichen unseres alltäglichen Selbstverständnisses ansetzen. Das bedeutet, eine moderne Pädagogik muss die Jugendlichen zum Denken anhalten. Denn

---

[18] Der Bezug der Bildung auf Wahrheit. S. 127.

darum geht es doch in der Schule und im späteren Berufsleben: den Menschen den Aufgabenkreis finden zu lassen, in dessen Mitte er allererst sich zuständig weiß als Sprecher und Vollbringer der ihm zugesprochenen Aufgaben.

So stellt sich die Zugehörigkeit zur Wahrheit – was in diesem Abschnitt in den Blick kommen sollte – als Anspruch und Aufgabe.

In der Schule handelt es sich darum, dass der Schüler diesen Anspruch als seine Aufgabe vernimmt und annimmt. Der Sachverhalt hat dann nicht mehr die Funktion eines Objektes, eines Mittels, über das verfügt werden kann, sondern umgekehrt: er wird vielmehr als Sachverhalt, als das, was er von sich selbst her ist, bedeutsam. Es muß alles getan werden, dass der Schüler diese seine Aufgabe sieht und übernimmt. – Einsicht und Erfüllung stehen allerdings nicht in der Macht des Lehrers!

3. Die Verantwortung des Wahrheitsanspruchs

Um im Bilde zu bleiben, sind die Striche weiter zu ziehen, sozusagen auf „die andere Seite" des Porträts, auf die Seite der Entsprechung, d.h. der Ver-*antwortung*. Die Wahrheit stellt an den Menschen – wie im zweiten Abschnitt skizziert – den Anspruch, ein jedes, Sache und Mitmensch, auf sein Selbstsein hin frei zu geben. Diesem Anspruch muss der Mensch entsprechen, das heißt, er muss ihn verantworten. Einer „Wahrheitsanspruchs-Formel" müssen wir – einmal so gesagt – mit Ballauff eine „Entsprechungs-Formel" gegenüber stellen. Was besagt das eigentlich, einer Inanspruchnahme zu entsprechen, auf einen Wahrheitsanspruch zu antworten?

Eine radikale Folgerung aus der anthropologischen und historischen Kritik ist die Formulierung: „Allem der erhellende und vollbringende Gedanke zu werden in selbstloser Rede, in selbstloser Tat und selbstlosem Werk."[19]

Aus dieser Formulierung kann freilich alles Mögliche heraus gelesen werden. Da kommen schon diejenigen, die stetig einen geltenden „Maßstab" für ihr Entsprechen und gebrauchsfertige und anwendbare Rezepte für ihr Handeln fordern, nicht auf ihre Rechnung; das anstrengende Denken kann man durchaus meiden, wenn nicht handhabbare und verwendbare Einsicht heraus kommt; und dann noch die „Selbstlosigkeit", die kurzerhand mit „Selbstaufgabe" gleichgesetzt wird – nichts wie ab in die Hölle!

Bei Ballauff meint Selbstlosigkeit gewiss keine „Selbstaufgabe", wenn er schreibt: „Das Wissen, an dem ich teilhabe, die Erfahrung, die ich machen durfte, das Amt, das ich bekleide, der Aufgabenkreis, dem ich zugehöre – nichts anderes kann im ‚Selbst' zusammengefaßt sein. Selbstlosigkeit besagt: Ich gehö-

---

[19] Systematische Pädagogik. 3. Aufl. S. 55.

re all dem an; nicht aber gehört mir das alles, nicht darf ich über all das verfügen, nach welchen Maßgaben auch immer."[20]

Damit bekommt der Terminus „selbstsein" erst seinen Sinn: Selbstsein bedeutet nicht ein zu vergegenständlichendes „Etwas", kein menschliches Attribut, sondern dieses Wort spricht uns auf Menschlichkeit hin an, alles als es selbst sein zu lassen, eben in bedachter Rede und besonnener Tat.

„Die einfache Formulierung: ‚Ich bin das, zu dem ich stehe und was ich verantworte' drückt alles aus, was sich über das ‚Selbst' des Menschen sagen läßt."[21]

In der angedeuteten „Selbstlosigkeit" soll nicht ein neues „Wesensmerkmal" des Menschen oder ein neues „Menschenbild" im Sinne eines Bildungsideals oder Leitbildes vor Augen gestellt werden, betont Ballauff, sondern eine „geschichtliche Ortung des Standortes von uns Menschen heute" ist an der Zeit. Wenn die geschichtliche Erfahrung es uns heute verwehrt, mittels eines „Vorbildes" Eindeutigkeit und Sicherheit unserer Lebensführung zu gewinnen, wenn Imitation und Identifikation in der Erziehung gerade überwunden werden sollen, dann kann es nur noch darum gehen, Menschlichkeit in der „Selbständigkeit im Denken" zu ermöglichen.[22]

Bildung besteht in der Freigabe jedes einzelnen Menschen zur Selbständigkeit im Denken. Ballauff betont ausdrücklich: zur Selbständigkeit *im* Denken, *nicht* zum *selbständigen* Denken. Denken ist keine Eigenschaft oder Habe, man kann es auch nicht wollen. Bildung ist nicht zu wollen. „Meine ‚Tätigkeit' besteht darin, mich Gedankengängen zu überlassen."[23]

In der *Pädagogik als Bildungslehre* lautet eine der Umschreibungen für Bildung: „Selbständigkeit im Denken (gegenüber Oktroi und Diktatur) und Eingelassenheit in einen weiten Gedankenkreis (Interpretationshorizont)."[24]

Denken kann daher auch keine Leistung sein. „Es ist ein großer Unterschied, ob man sich übt, bestimmte Leistungen zu erreichen und sie mit Ausdauer in täglichen Übungen steigert, oder ob man sich ans Denken hält."[25] An anderer Stelle heißt es in diesem Sinne: „Wenn mir Lösung, Erfüllung, Ergebnis zuteil wird, dann weiß ich sehr wohl, wie wenig dies meine ‚Leistung' war, meinem verfügenden Wollen zu verdanken ist, sondern einer Fülle von Bedingungen, die ich dank dem mir zuteil gewordenen Denken in angemessener Weise zusammenzubringen vermochte."[26]

---

[20] a. a. O. S. 55.
[21] a. a. O. S. 56.
[22] Pädagogik der selbstlosen Verantwortung der Wahrheit. S. 19.
[23] a. a. O. S. 16f.
[24] Pädagogik als Bildungslehre. 3. Aufl. S. 163.
[25] Philosophische Begründungen der Pädagogik. S. 237.
[26] Funktionen der Schule. S. 404.

„Allem der erhellende und vollbringende Gedanke zu werden" – diese Umschreibung der Menschlichkeit will sagen: Jedes Wort, jede Tat und jedes Werk müssen bedacht und besonnen geschehen und sich fragen, ob es ihnen allein um die Freigabe der Dinge, Wesen und Mitmenschen auf ihre Eigenart und ihr Selbstsein geht, um ihre unverstellte und unverhüllte, angemessene Anwesenheit. Nur diesem Anspruch hat der Mensch zu entsprechen und in seinen Worten und Taten auf die Frage nach der Wahrheit zu antworten.

Zu Inanspruchnahme und Entsprechung als Antwort gehört also Übernahme von Verantwortung. Nicht auf die sich verantwortende „Persönlichkeit" kommt es an, sondern auf den verantwortenden Sachwalter und Mitmenschen – wie Ballauff den „Gebildeten" schon in seinen früheren Werken nannte –, der dem Anspruch des Seins von Sachen und Menschen antwortet, ihn verantwortet.

Mit der „Entsprechungsformel" hat Ballauff zum Ausdruck gebracht, was in seinem Bildungsdenken Menschlichkeit bedeutet. Denn: „Die Menschen leben primär – zunächst und zumeist in der Verkehrung, der Entfremdung oder dem Entzug der Menschlichkeit oder auch in der Abwendung von ihr."[27] Die These von der menschlichen Verkehrtheit ist für Ballauff überhaupt die Ausgangsbasis für die Grundlegung seiner Pädagogik.

„Weil Menschlichkeit dadurch gekennzeichnet ist, die Wahrheit erfahren, sagen und vollbringen zu können, der einzelne Mensch aber von Geburt an in der Abkehr von der Wahrheit und in der Befangenheit durch die Mannigfaltigkeit einer anfänglichen wahrgenommenen Welt lebt, bedarf es eines Vorgangs und Geschehens, die ihn zu jener Menschlichkeit führen."[28]

In diesen Sätzen liegt für Ballauff die eigentliche Begründung für die Notwendigkeit von Erziehung.

„Die Wendung von der Erschlossenheit als Mittel des Menschen, seines Willens und seiner vitalen Selbstsicherung zur ausschließlichen Maßgeblichkeit des geschichtlichen Denkens der Wahrheit muß erst vollzogen werden, um die Menschlichkeit zu erreichen."[29]

Von Erziehung in strengem Sinne könne erst dann die Rede sein, wenn mit ihr das Bemühen um jene Wendung im Bildungsdenken bezeichnet wird, die Wendung von Bildung als Mittel zur „Selbstverwirklichung" und „Selbstsicherung" zur Bildung als Denken der Wahrheit. „Sonst haben wir es mit ‚Aufzucht' zu tun, die ‚Denken' als Werkzeug und Waffe benutzen lehrt und den einzelnen zum brauchbaren Mitglied einer Gruppe auszubilden sucht."[30]

Das dürfte auch erklären, warum Erziehung nicht mit Sozialisation gleich gesetzt werden sollte. Erziehung befreit von gesellschaftlicher Prägung und befreit

---

[27] Pädagogik als Bildungslehre. 3. Aufl. S. 70.
[28] Philosophische Begründungen der Pädagogik. S. 13.
[29] Systematische Pädagogik. 3. Aufl. S. 149.
[30] A. a. O. S. 55.

zu „Sein" und „Denken". Eine solche Pädagogik lässt es nicht mehr zu, von Bildung im Sinne einer „Formung" zur „Persönlichkeit" zu sprechen. Erziehung, die diesem Grundgedanken folgt, versteht sich als „Einbezug ins Denken" und damit als Freigabe in die Menschlichkeit.

„Gemeint ist jedoch die Freigabe der einzelnen und damit aller zu ihrer Menschlichkeit, nämlich Weltbetrachter (Kosmotheoros), Weltbewohner (Kosmopolit) und Weltgestalter (Kosmotechnit) sein zu dürfen. Das besagt: einbezogen zu sein in die Einsichtigkeit des Ganzen – mit dem alten Namen „Kosmos" –, sich gemeinsam einzurichten im Ganzen und in Wort, Werk und Tat das Ganze erst realiter Kosmos sein und werden zu lassen. Dazu möchte Bildung verhelfen, das könnte Bildung ausmachen."[31]

Wenn Denken „nicht nur das, was besteht, was geschehen ist, was vor sich geht, aufzuschließen" bedeutet, „sondern auch, was möglich geworden ist, ja was besser ist", dann könnte es so sein, „daß in jener gedanklich ermöglichten und gesteuerten ‚Freigabe' das ‚Woraufhin' allererst gefunden, entworfen, ‚konstruiert' werden muß."[32]

Theodor Ballauffs emendatorische, auf Verbesserung zielende Absicht in seiner Pädagogik – für manchen der Leser vielleicht nicht immer leicht heraus zu hören – wird evident: Wenn sie den Menschen in Anspruch genommen sieht, für das „Sein" unserer Welt aufzukommen, Dingen und Mitmenschen ihr jeweiliges „Ist" zuzusprechen, dann ist damit gerade nicht gemeint, bei einem gegebenen „Istzustand" einer sogenannten „Wirklichkeit" zu verweilen, sondern vielmehr hervor zu bringen, was in dieser unserer Welt noch nicht ist, was noch nicht wirklich ist, also neue, bessere, humanere Möglichkeiten ans Licht zu bringen – keine affirmative Pädagogik also, die das Bestehende so belässt, wie es ist, sondern eine emendatorische, die auf Veränderung, Verbesserung, auf mehr Menschlichkeit gerichtet ist. Nicht kann es sich darum handeln, das „Wirkliche" schon als die Wahrheit auszugeben, so etwa sagt Ballauff, sondern nur darum, der Wahrheit zur Wirklichkeit zu verhelfen. –

Erziehung kann in diesem Sinne nur Anleitung und Geleit sein.

Heute wird, mit Blick auf die Ökumene, von einer planetarischen oder kosmischen Krise gesprochen. Die Menschlichkeit des Menschen bestünde dann darin, Mittel und Wege zu ersinnen, die aus der Krise heraus führen. Denn darin besteht doch „die ‚Sonderstellung' des Menschen, der des Denkens teilhaftig wird, nicht um sich am Leben zu erhalten, sondern um den Kosmos entweder in sich und seiner Unmenschlichkeit scheitern zu lassen oder ihm einen Weg in die Zukunft zu bahnen."[33]

Das erfordert, mit Besonnenheit ans Werk zu gehen, damit wir nicht Gefahr laufen, so sagt Ballauff etwa, der Verselbständigung von einzelnen oder Gruppen Tür und Tor zu öffnen, so dass alles sich mit der erreichten „Selbständigkeit

---

[31] Pädagogik als Bildungslehre. 3. Aufl. S. 149.
[32] Der Bezug der Bildung auf Wahrheit. S. 131.
[33] a. a. O. S. 131.

im Denken" legitimieren könnte, – von der „Bürgerinitiative" bis zum „Terrorakt". Daher muss von frühester Jugend an die konstitutive und limitierende Bedeutung des Maßes für Erziehung und Bildung bewusst werden. Maßgaben (nicht Maßstäbe, die ein quantifizierbares Maß bereitstellen, das schon im voraus ermessen hat und das wir nur noch „anzulegen" brauchen), der Gemeinsamkeit im Denken entsprungen, zeichnen jener „Selbständigkeit" Kriterien, Legitimation und Limitation vor. Maßgaben – sie geben uns ein Maß voraus, das es uns auferlegt, in seinem Rahmen selbständig zu ermessen.[34]

Ballauff kommt es in seinem Gedankengang darauf an, den reflexiven Bildungszirkel zu verlassen. „Bildung besagt nicht mehr die reflexive Einheit von Gesinnung, Wissen und Können in Gestalt einer individuellen Persönlichkeit, sondern besonnene Sachlichkeit machen sie aus."[35]

Damit soll die reflexive Selbstinterpretation des Menschen ausgeschlossen werden: das Haben und Bekommen eines „Selbstes", also die Interpretation von Rede, Handlung und Werk auf ein Selbst hin, der Erwerb von Bildung als Wissensschatz, das Verfügen und Beherrschen (z.B. einer Sprache). Positiv gewendet besagt das: Selbständigkeit im Denken und die gemeinsame Beratung (Konsultation) der zu lösenden Aufgaben, die an der Zeit sind.

Darin dürfte die „neue geschichtliche Selbstbestimmung des Menschlichen" liegen.[36]

Theodor Ballauffs dezentralisierende, die reflexive Selbstinterpretation des Menschen ausschließende Pädagogik müsste bei strenger Einhaltung der Terminologie „un-humanistisch" genannt werden. Vielleicht ist sie aber erst wahrhaft „humanistisch", als sie sich nicht einer bestimmten Anthropologie oder Ideologie verschreibt, sondern es auf die Verantwortung von Sache und Mitmensch abgesehen hat. Es wäre auch falsch, hinter Ballauffs nicht-subjektivistischem Theorieansatz einen Anti-Subjektivismus zu vermuten. Der Mensch ist nicht etwa „Objekt" eines nun als „Subjekt" des Verhältnisses verstandenen anderen. Die einfache Umkehrung des „Subjekt-Objekt-Bezugs" ändert an der Grundstruktur der Persönlichkeitspädagogik nichts. Eine Bildungstheorie, der es um nichts anderes geht als um die Menschlichkeit des Menschen, müsste sich dagegen wehren, wenn ihr eine „idealistische" Konzeption vorgeworfen würde, die von Dingen, Wesen und Menschen ausginge und jedes einzelne zum „Herrn" erhöbe, dem wir nun zu dienen hätten. Selbstlose Verantwortung bedeutet *nicht*, dass nun der Mensch dem Sein von Sachen und Mitmenschen zu dienen habe, sondern nur, dass er die vorherige Anmaßung, alles zum Zwecke seiner Selbstbildung und Selbsterhaltung in den Dienst zu nehmen, aufgibt! –

---

[34] Pädagogik der selbstlosen Verantwortung der Wahrheit. S. 22-24.
[35] Philosophische Begründungen der Pädagogik. S. 236.
[36] Einbezug und Hervorruf. In: Sein und Geschichtlichkeit. Hrsg. von I. Schüßler u. W. Janke. Frankfurt am Main 1974. S. 279.

Das ganze Begründungsverfahren Ballauffs basiert auf der These von der „ontologischen Differenz", der Unterscheidung von Sein und Seiendem. Wenn hier von einem Denken die Rede ist, das nicht von einer „Anthropologie" seinen Ausgang nimmt, vom Menschen als einem Seienden unter Seiendem, sondern von der Menschlichkeit als dem Sein des Menschen, wenn der Mensch nicht als autarkes Subjekt genommen wird, das sich Objekte gegenüber stellt und sich verfügbar macht, sondern das „Sein" des Menschen im Selbsteinlassen der Dinge und Mitmenschen beschlossen liegt, wenn an die Stelle des Besitzverhältnisses das Verhältnis der Zugehörigkeit tritt, dann ist ein solches Denken – ein Wort Kants von Ballauff aufgreifend – eine „Revolution der Denkungsart".

III. DIE INFRAGESTELLUNG DER TRADITIONELLEN „PERSÖNLICHKEITSBILDUNG"

1. Ballauffs Kritik an der „Wille-Gesetz-Ethik"

Ein eifriger Vertreter des „Persönlichkeitsideals" müsste sich rasch abwenden von einem Bild (hier das versuchte Porträt), das den Menschen als *Sachwalter und Mitmenschen* in *selbstloser Verantwortung der Wahrheit* zeigt. – Personalität ist nach Kant die Freiheit und Autonomie des Selbstvollzugs des Willens, nur seinem eigenen, aus ihm selbst entsprungenen und nicht einem von äußeren Instanzen „formulierten" Gesetz zu gehorchen. Persönlichkeit ist „Zweck an sich selbst", sie ist „Subjekt des moralischen Gesetzes".[1] Aus der Begründung der Personalität bei Kant geht das moderne Erziehungsziel der Persönlichkeit hervor. Persönlichkeit ist der Mensch, der dazu erzogen wurde, seinen Willen jederzeit dem Sittengesetz zu unterstellen. Persönlichkeit zeigt sich als sich durchsetzender und beständiger Wille. In solcher Kontinuität des Willens unter seinem Gesetz besteht der Charakter, den Herbart „Gedächtnis des Willens" definierte. Schleiermacher nannte den Willen, der ein Kontinuum geworden ist, „Gesinnung". – Das Persönlichkeitsethos wird problematisch, wenn es eine absolute Teleologie entwirft: „Der Mensch wird sich als Persönlichkeit ‚Endzweck'. Es hat dem Menschen immer um seine Menschlichkeit zu gehen, um die Wahrung seiner selbst als eines vernünftigen Willens."[2]

Kant gelingt damit der Vorentwurf für das in der modernen Bildungslehre verbindliche Persönlichkeitsideal – die Erklärung der Autonomie des Menschen als Person. Die Schule hat die Aufgabe, zur Persönlichkeit zu erziehen – eine Forderung seit der Kantischen Ethik. Die Schule hat in ihrer Gestalt und Ausstattung dafür Sorge zu tragen, dass dem Schüler die Chance zur „Entfaltung seiner Persönlichkeit" geboten wird, liest man in einer modernen Schultheorie.

Theodor Ballauff wendet sich mit aller Schärfe gegen das überkommene Persönlichkeitsethos. Er bezeichnet die bisherige Ethik als die „autistische Selbstrechtfertigungslehre der Menschen". Sie zeigt sich als der Versuch, „in der ‚Idee der Persönlichkeit' und der pädagogischen Zielsetzung des ‚Persönlichkeitsideals' die totale Selbstbeziehung jedes Menschen zu deklarieren und zu legitimieren." Die Menschen setzen sich als Persönlichkeiten an die „Spitze" der Schöpfung. Dinge, Wesen, Verhältnisse erhalten nur eine dienende Funktion.

„Alles dürfen die Menschen zu Mitteln machen, nur sich selbst nicht. Alles dürfen die Menschen unternehmen ohne Rücksicht auf Dinge, Wesen, kosmi-

---

[1] Kant: Kritik der praktischen Vernunft. Hrsg. v. Karl Vorländer. Hamburg 1967. S. 102.
[2] Philosophische Begründungen der Pädagogik. S. 178.

sche Verhältnisse, aber immer in steter Rücksicht auf die Mitmenschen und ihre ‚Autonomie'."[3]

Aus der Persönlichkeitsproblematik führt auch Kants „Kategorischer Imperativ" nicht heraus. Die „Allgemeinheit" des „Sittengesetzes" wehrt freilich subjektiver Willkür und enthält auch die Wende zu einer „Selbstlosigkeit", bleibt aber dennoch der „Wille-Gesetz-Ethik" verhaftet, jetzt zwar als „vernünftiger Wille" unter „universaler Maxime"; was aber nicht in den Blick kommt ist ein Drittes: die sachliche und mitmenschliche Inanspruchnahme.

2. Besonnenheit statt Sittlichkeit

Dem Anhänger des Persönlichkeitsideals, wenn er kein Anhänger des „Denkens" ist, dürfte auch an einem Bild vorüber gehen, in dem Ballauff anstatt der Sittlichkeit die Besonnenheit heraus stellt. – Ich beziehe mich dabei auf einen Abschnitt in der *Systematischen Pädagogik*. Dort ist zu lesen:

> „Wo Besonnenheit am Werk ist, da bedarf es keiner Sittlichkeit, keines Sollens und keiner Pflichterfüllung mehr. Dem Besonnenen braucht man weder Moral vorzuschreiben, noch muß er sich unter sittliche Gebote und Imperative stellen. Er sieht, was ist und was bisher nicht geschah –; er sieht, mit wem er es zu tun hat und worauf es ankommt. Vom Sinn des Ganzen aus, in welchem jeweils Sache und Mitmensch zum Vorschein kommen, schenkt Besonnenheit Einsicht in das Angebrachte und Schickliche."

Besonnenheit enthebt den einzelnen zweierlei: zum einen der Lenkung und Beschränkung der sittlichen Gebote und Imperative, zum anderen der anmaßenden Selbstbezüglichkeit des Willens und lässt in dieser Enthobenheit erst in Wahrheit jedes seiner Worte und jede seiner Taten zu einer bedachten Antwort auf eine sachliche und mitmenschliche Inanspruchnahme werden, die sehr wohl der „geltenden Moral" gemäß sein kann, aber sich ihr nicht unbedacht unterwirft.

Besonnenheit –, das ist das Wesentliche, lässt ganz „bei der Sache" sein in Denken, Ermessen, Einsicht im Unterschied zur Sittlichkeit, die es auf den Willen abgesehen hat, dem gegenüber sie als Gebot, Befehl, Forderung auftritt, um ihn – Ansatz und Ausgang für die „sittliche Erziehung" – zu zügeln und zu bändigen.

„Wenn es um das Sein von Sache und Mitmensch geht, muß alle Sittlichkeit schweigen" ist eine einprägsame Formulierung Theodor Ballauffs.

Sittlichkeit, so einer seiner Kritikpunkte, „müßte auf den Besonnenen wie das Mißtrauen wirken, als könne er auch anders, ja als spreche und handele er schon immer anders und müsse daher unter Befehl und Auftrag gestellt werden."

---

[3] Pädagogik als Bildungslehre. 3. Aufl. S. 59.

Aus Ballauffs Beispielen: „Der Besonnene fährt im Verkehr gemäß den Verkehrsregeln, nicht weil diese geboten sind, sondern weil er einsieht, daß diese Regeln das ‚Sein' des Verkehrs ausmachen, daß also durch sie der Straßenverkehr heute erst in Wahrheit zustande kommt. Der Besonnene wird den Kindern nicht gestatten, überall im Wald die Blumen abzupflücken, weil es ihm um das Sein dieser Wesen geht, nicht um das Haben ihrer Schönheit."

Der Besonnene wird auch in bedachten Worten und angemessenem Ton seinen Standpunkt gegenüber anderen Standpunkten vorbringen, und er wird ein geduldiger Zuhörer sein und wissen, wann zu reden und auch zu schweigen ist.

„Eine moderne Ethik – wenn der Name beibehalten werden soll – kann ihre Maßgaben nur aus der Berücksichtigung des Ganzen entnehmen. Anstelle fragloser moralischer Normen wird sie das stets neu zu bedenkende und zu formulierende Ermessen unserer Absichten, Werke und Taten von dem Ganzen her, dessen wir heute ansichtig geworden sind, zum Leitgedanken wählen müssen. Die modernen Bemühungen um Völkerbund und Integration der Staaten liegen genau auf dieser Linie. Der Kanon der Menschenrechte kann daher nicht an die Stelle der absoluten Normenkataloge treten und sich in der früheren Weise für „tabu" erklären. Auch er muß als Maßgabe stets aufs neue durchdacht und verantwortet werden. Sonst beraubt er wiederum die Menschen des Denkens, also der Infragestellung und Verantwortung. Strenggenommen fehlt es daher noch an einer künftig verbindlichen ‚Ethik', die dem Ganzen entspricht."[4]

3. Die „Ethik" der kosmischen Verantwortung

In Fortführung der vorstehenden Überlegungen sieht sich eine Pädagogik wie die Ballauffs an einen Gedankengang verwiesen, den Hans Jonas zu einer Theorie der Verantwortung weiter geführt hat. Er hat darin dargelegt, dass eine Zeit wie die unsere, in der der von Wissenschaft und Technik ermächtigte Mensch (der „entfesselte Prometheus"), der seine Macht nicht nur auf die Unterwerfung der Natur, sondern ebenso auf den Menschen selbst erstreckt, eine „Ethik" erfordert, die ihn davor zurück hält, dem Menschen zum Unheil zu werden, das zum Untergang der Menschheit führen könnte.[5]

In einer solchen Ethik ist der Mensch zu einer bisher noch nie gekannten Verantwortung hervor gerufen, und zwar für das Ganze unserer Welt: nicht nur für die Mitmenschen und die gesellschaftlichen Verhältnisse, sondern ebenso für die Dinge und Wesen, für Natur und Geschichte, für die Elemente, ja für den ganzen Kosmos.

Nun betont Jonas sicher mit Recht, dass, insoweit in der Forderung nach einer neuen Ethik, die das Interesse an der Erhaltung der Natur zu einem moralischen Interesse macht, der letzte Bezugspol das Schicksal des Menschen in seiner Ab-

---

[4] Systematische Pädagogik. 3. Aufl. S. 70-72.
[5] Hans Jonas: Das Prinzip Verantwortung. Versuch einer Ethik für die technologische Zivilisation. Frankfurt am Main 1984.

hängigkeit vom Zustand der Natur ist, auch hier noch die anthropozentrische Denkweise beibehalten ist.[6] Vielleicht sollten wir deshalb nicht von einer neuen „Ethik" sprechen. Das, worum es heute geht, ließe sich angemessener in dem Begriff Verantwortung fassen. Auch bei Jonas nimmt der Begriff Verantwortung ja „eine Zentralstellung" in seiner Ethik ein.[7]

Die Darlegungen von Hans Jonas können gleichsam wie ein Programm gelesen werden. Das soll heißen, dass von ihnen her jeder der Ansprüche, die heute aus der Lebenswelt an uns Menschen ergehen und von einem jeden von uns ihre Entsprechung fordern und jede der Aufgaben, die uns in und von unserer Welt gestellt und von einem jeden von uns zu erfüllen sind, gesehen, beurteilt, legitimiert werden muss und dass – wiederum vom Fatum jener Antithese her – jede meiner Handlungen und jedes meiner Werke bedacht, ermessen und verantwortet sein muss.

Von daher ist es also gerechtfertigt, nach einer neuen „Ethik" Ausschau zu halten. Ob man sie eine „Ethik der Verantwortung" nennen sollte oder eine „Ethik der Umkehr", ob man überhaupt von einer Ethik reden sollte, ist hier nicht auszumachen. Wichtiger ist die Einsicht: *Wir Menschen heute müssen unser Leben anders führen als bisher.* Das heißt, wir müssen zu dem Bewusstsein gelangen, dass Menschsein bedeutet: Verantwortung – Zuständigkeit in Einstand und Beistand für die Welt, ihre Dinge und Menschen.

„Die Verantwortung für den Kosmos im Sinne der Freigabe dessen, was ist und sein kann, unter der Maßgabe einer selbstlosen Gebundenheit an die Wahrheit weiß sich nicht so sehr „verpflichtet" als vielmehr in Anspruch genommen auf das Sein von Dingen, Wesen, Verhältnissen; sie weiß sich auch unter einem ‚Gesetz', das in Wahrheit nur den Vollzug der Menschlichkeit umschreibt – wie bei Kant."

In dieser neuen „Bewusstseinslage" formuliert Theodor Ballauff den Imperativ der kosmischen Verantwortung:

„Jeder muß seine Maxime daraufhin überprüfen, ob sie durch eine so und so gestaltete Freigabe von Sachen, Wesen, Mitmenschen, Verhältnissen die Konstitution eines Kosmos gewährleistet, in der sowohl die Selbständigkeit im Denken gewahrt wird als auch die größtmögliche Freisetzung dessen, was sein kann, auf seine ermessene Anwesenheit!"[8]

In eine solche Verantwortung ist die Weltgesellschaft von heute und morgen genommen.

---

[6] a. a. O. S. 27.
[7] a. a. O. S. 222.
[8] Pädagogik als Bildungslehre. 3. Aufl. S. 87-99.

IV. SKEPTISCHE DIDAKTIK – EINE PROVOKANTE THEORIE?

> „Sobald wir uns auf [das] Lernen einlassen, haben
> wir auch schon zugestanden, daß wir das Denken
> noch nicht vermögen."
> (Martin Heidegger: Was heißt Denken? S. 1.)

Im Jahre 1970 erschien, gleichzeitig mit der dritten Auflage der *Systematischen Pädagogik*, Theodor Ballauffs *Skeptische Didaktik*. Im Vorwort schreibt er, dass er die noch in der zweiten Auflage jenes Werkes „ausgesparte Problematik des Unterrichts wenigstens in einigen Hinsichten zu erörtern" versuche, um heraus zu bekommen, „was es mit dem Unterricht auf sich hat." Schon der Titel mag verwundern. „Skeptisch" nennt Ballauff seine Didaktik. – Was besagt das? Das Wort Skepsis im Sinne seiner Didaktik erläutert er in der Einleitung. In dreifacher Hinsicht ist davon die Rede.

Erstens soll das Wort besagen: zum einen „Umschau halten und betrachten", zum anderen „bedenken und infragestellen."

Zweitens richtet sich die Skepsis auf die geläufige Didaktik, denn „ihre bisherige Deduktion und Konzeption kann in Zweifel gezogen werden." Weiterhin geht die „Skepsis auf die Möglichkeiten des Unterrichts"; ihnen gegenüber sind Bedenken anzumelden.

Drittens sieht Ballauff „im Erlernen der Skepsis die Grundaufgabe des Unterrichts". Das soll weder heißen, „daß alles zu bezweifeln" noch „daß alles zweifelhaft sei." Zu lernen gilt vielmehr, „daß alles zu bedenken und jedes Wort, jede Tat zu überlegen und zu erwägen sei [...] gegen alle Bedenken- und Gedankenlosigkeit."

Skeptisch nennt Ballauff seine Didaktik, – nicht so sehr kritisch. Da heißt es: „Weder will sie die Didaktik oder andere ‚Didaktiken' beurteilen oder gar verurteilen, noch weiß sie alles besser als andere." Sie stellt in Frage und versucht Antworten, ohne auf alle geläufigen Fragen eine Antwort zu wissen. „Aber gerade *darum* wird sie wissen."[1]

1. Didaktik als „Kathegetik"

Theodor Ballauff sieht begründeten Anlass, den Terminus Didaktik selbst in Frage zu stellen. Er findet die geläufige Gliederung der Unterrichtslehre in Didaktik und Methodik, in ein Was und ein Wie des Unterrichts misslich und, ohne die gebräuchlichen Termini aufzugeben, hält er es für angebracht, nach

---

[1] Skeptische Didaktik. Heidelberg 1970. S. 7.

einem umfassenden Ausdruck zur Benennung einer Unterrichtslehre zu suchen. Er findet ihn in dem Terminus Kathegetik. Dieser Ausdruck soll sich nicht nur auf die traditionellen Themenkreise der Didaktik beschränken, sondern darüber hinaus all jene Bedingungen und Vorgänge, Maßnahmen und Mittel umgreifen, die konstitutiv für Unterricht sind.[2]

Kathegetes ist dann der Lehrer, abgeleitet vom griechischen kathegeomai, das soviel heißt wie den Weg weisen, anleiten, einführen. Streng geschieden davon wissen möchte Ballauff den Ausdruck katecheo mit der Bedeutung von entgegen tönen, belehren, unterweisen, von dem her wir Katechet, Katechese kennen. Der kathegetes ist in seiner Unterrichtslehre kein Katechet!

Was ist nun die Aufgabe der Kathegetik? Ballauffs Antwort: Sie hat „Sinn, Ursprung und Begründung des Unterrichts zu erforschen und zu bedenken."[3]

Nicht mehr als eine Einblicknahme in Ballauffs Gedankengang dürfte genügen, einige heraus ragende Einwände und Antithesen ins Bild zu setzen, die zeigen, worauf seine Skepsis sich richtet.

2. Kathegetische Skepsis – ein Einblick

(1) Im ersten Kapitel finden wir den Satz: „Die pädagogische Aufgabe, aus der der Unterricht und seine Theorie hervorgehen, kann nur lauten: denken lernen in der Entziehung aus der Verfremdung durch Vermittlung ins Denken."[4]

Man wird diese Formulierung als die zentrale Aussage über den Sinn des Unterrichts bezeichnen dürfen. Sinngemäß heißt es im letzten Teil des Buches: „Unterrichten als Vermittlung und Überantwortung ans Denken bedeutet Ermöglichung der Bedingung des Eintritts ins Denken als der selbstlosen Verantwortung der Wahrheit.[5]

Eine solche „Vermittlung ins Denken" ist also nur mittelbar möglich, weil erstens Denken immer schon im Gang ist, eben in unserem Denken und Mitdenken und zweitens „Denken nicht meine und deine Leistung ausmacht oder uns zur Verfügung steht. Vielmehr muß uns das Denken aufnehmen, es muß uns Einlaß gewähren"[6], heißt es bei Ballauff.

Mit solchen Aussagen zieht Ballauff die These der bisherigen Didaktik in Zweifel, dass es in jedem Unterricht um das Lernen im Sinne des Aneignens und Behaltens geht. Ja, man wird sagen dürfen, dass seine Didaktik bzw. Kathegetik von dem Grundgedanken getragen ist, dem Unterricht die Aufgabe der Bildung des Gedankenkreises zur Aufgabe zu machen. So lautet auch der erste Satz des

---

[2] a. a. O. S. 8f.
[3] a. a. O. S. 9f.
[4] a. a. O. S. 16.
[5] a. a. O. S. 113.
[6] a. a. O. S. 16.

Kapitels über die Aufgaben des Unterrichts: „Die Bildung des Gedankenkreises ist die zentrale Aufgabe des Unterrichts, soll der Mensch als Wesen des Denkens bzw. der Gedanklichkeit auf diese in Anspruch genommen werden."[7]
So sehr in der Schule auch gelernt werden muss, sollte es ums Denken gehen. Bei Heidegger lesen wir den Satz: „Sobald wir uns auf [das] Lernen einlassen, haben wir auch schon zugestanden, daß wir das Denken noch nicht vermögen."[8] Und Ballauff schreibt:

„Wir denken immer noch aus der primären Selbstinterpretation des Menschen her, in der es um Besitz und Erwerb, um Einverleiben und Festhalten in einem abgegrenzten Bereich gegenüber einem äußeren geht. Die Angemessenheit z. B. an den Horizont des Lesers wird dann dahin umschrieben, der Leser ‚hat' diesen Gedankenkreis wie einen Besitz, in den er etwas aufnehmen kann; oder es sind ihm die Mittel versagt, mit denen er erfassen, aneignen, in seinen Horizont aufnehmen könnte. – Wir bewegen uns demgemäß immer in einer ‚kapitalistischen Konzeption' auch des ‚Geistigen'."

Die andere Interpretationsstufe ist die „Wende" im Bildungsdenken. Sie ist nicht eine „sozialistische Konzeption", denn diese stellt jene „kapitalistische" gar nicht in Frage,

„sondern ein Selbstverständnis des Denkens, das dieses nicht mehr als Habe und singularen Binnenkreis behauptet, die wie ein Kapital zu mehren und zu sichern seien; nicht mehr der Vorstellungskreis des Lesers z. B. ist dann ‚angemessen' und ermöglicht ihm zu ‚erfassen', anzueignen usw., vielmehr findet er in dem ihm zuteil werdenden Denken Anschluß und Aufnahme in einen weiteren Gedankengang."[9]

Mit diesen Gedanken tritt Ballauff dem „Ethos" einer „Selbstverwirklichung" entgegen. Er wendet sich entschieden gegen den, wie er sagt, „brutalen kosmischen Egoismus" mit seiner Gedankenlosigkeit und Bedenkenlosigkeit, die alles zum Mittelcharakter degradiert; „auch das Lernen dient der Selbstverwirklichung, dient dazu, das Leben zu bewältigen, unser Dasein in Welt zu sichern, ‚Handeln' zu ermöglichen."[10]

Von grundsätzlicher Tragweite ist weiterhin: Erziehung und Unterricht haben sich immer daraufhin interpretiert, dem jungen Menschen etwas „beizubringen" und auf ihn moralisch „einzuwirken". Wenn Erziehen, Unterrichten nicht mehr von der informatio her verstanden werden (Übermittlung formender, prägender, richtender Gedanken und Vorstellungen), sondern als Einbezug in Wissen und Gedankengang, dann heißt das, die gängige pädagogische Terminologie verabschieden und was von einem prinzipiell anderen pädagogischen Denken zu sagen ist, in neuer oder zumindest veränderter Terminologie zur Sprache zu bringen. Erziehung und Unterricht sind keine Entfaltung, keine „Entwicklung" von Anlagen, der Schüler wird nicht „in Form gebracht" wie ein plastisches

---

[7] a. a. S. 40.
[8] M. Heidegger: Was heißt Denken? 4. Aufl. Tübingen 1984. S. 1.
[9] Skeptische Didaktik. S. 21.
[10] a. a. O. S. 21.

Material, er eignet sich auch nichts an. – Freigabe zur Selbständigkeit im Denken schließt jedes Einwirken, Bewirken, und Herstellen aus.

Es gilt das andere Prinzip: Einbezug und Hervorruf sind für Ballauff die angemesseneren Termini. „Denkende können nur mittelbar ins Denken einbeziehen, und zwar über Gedachtes und schon Bedachtes, das in Wahrnehmung und Aussage zugänglich ist."[11] Im Unterricht kann es daher auch nicht – auf Seiten des Schülers – um Aneignung gehen. Entsprechend heißt es: „Wir müssen uns somit dem gängigen Axiom der Didaktik entziehen, es handele sich in Lehre und Unterricht um Erfassen und Aneignen, Haben und Behalten, etwa von Begriffen, Vorstellungen, Sätzen."[12] Es geht in Erziehung und Unterricht nicht darum, etwas in sich aufzunehmen und für sich zu erwerben, sondern in einen Gedankengang und in einen Gedankenkreis zu gelangen, von ihm also aufgenommen zu werden.

Wie ein provokantes Resultat lauten dann Sätze wie die folgenden: „Im Lernen werden wir auf den Weg gebracht. Gilt es, ‚das Denken zu lernen', so gilt es, ihm nachzukommen als dem, was heute an der Zeit ist. Das bringt zugleich ein ‚Verlernen' mit sich, nämlich des Wollens und Sollens, des Aneignens und Behaltens."[13]

(2) Es ist immer wieder erstaunlich und für manchen Leser vielleicht auch provokant, wie Theodor Ballauff die gängigen pädagogischen Termini uminterpretiert und ihnen in seiner Systematik ihren Ort zuweist. So erhalten zum Beispiel auch die Termini „Begabung" und „Entwicklung" eine umwendende Interpretation, die „die billige Ausflucht in eine Potenzterminologie" vermeidet. „Begabung" meint bei Ballauff keine „schlummernden Anlagen", keine „geheimnisvollen Kräfte", sondern „nennt das, worin ich eingelassen werde, die neuen erschließenden, weiterführenden, hilfreichen Bezüge und Verhältnisse, die ‚Logoi', in deren Licht ich meine Aufgaben und ihre ‚Möglichkeiten' ermessen lerne."[14]

Dass sich jene Bezüge und Verhältnisse nicht mehr als „organismische Evolution" abspielen, nicht mehr bloß am Kinde als „körperlichem Wesen", ist für Ballauff eine wesentliche Einsicht. Er spricht deshalb davon, dass es gelte, den biologischen Begriff der „Entwicklung" zu verabschieden. Dass sich das Kind leiblich in seinen Organen „entwickelt", macht gerade nicht seine Kindlichkeit, seine Menschlichkeit aus, sondern dass es sich „immer mehr Seiendem, in Gestalt anderer Wesen, anderer Dinge und Mitmenschen", verbindet, „und zwar in immer verwickelter werdenden Verhältnissen und immer anderer Zugehörigkeit." Dieser „Verwicklungsprozess", in dessen Verlauf sich

---

[11] a. a. O. S. 16.
[12] a. a. O. S. 19.
[13] a. a. O. S. 68.
[14] a. a. O. S. 27.

Kind und Jugendlicher als Ich und Selbst zu gewinnen suchen, wird einerseits reflexiv als Aneignung und Beherrschung verstanden, andererseits aber auch als Verstrickung und Entmachtung erfahren. Der einzelne wird sich klar über seinen zunehmenden Einbezug in immer andere und immer kompliziertere Verhältnisse. Für Erziehung und Unterricht heißt das: In ihnen geht es nicht nur und vor allem um „Entwicklungshilfe", sondern vielmehr um Hilfe bei der zunehmenden sachlichen und mitmenschlichen „Verwicklung", in die der Heranwachsende hinein gezogen wird.[15]

So gilt es also umzudenken: Erziehung ist demnach kein „Entwicklungsprozess, sondern ein Prozess zunehmender „Verwicklung".

„Hilfe und Geleit zu bieten bei diesem Vorgang der Bezugnahme und zunehmenden Verwicklung in immer neue, oft zunächst undurchsichtige Verhältnisse, das ist Sache des Unterrichts und seiner ‚Gedankengänge'."[16]

(3) In einem völlig anderen Licht als in der traditionellen Didaktik steht bei Ballauff der Gedanke der Motivation. Dazu auch nur der Grundgedanke.

Ein Unterricht, in dem es um Sachlichkeit und Mitmenschlichkeit geht, muss die „psychologische Motivation" aufheben und einem absichtslosen, motivationsfreien Denken Raum gewähren. Bei der psychologischen Motivation werden „Motive" für die Sachverhalte gesucht, um die Schüler zum Lernen anzuregen. Wer einmal unterrichtet hat weiß, wie schnell Schüler sich gegen das Lernen sperren können, wenn sie die Absichten des Lehrers allzu offenkundig hinter einem Sachverhalt verspüren, der im Unterricht „ansteht". Sie durchschauen oft gar schnell den didaktischen „Trick" des Lehrers, wenn er es – zumeist nicht ohne größere Schwierigkeiten! – unternimmt, von seinem „Motiv" weg zu kommen zu dem von ihm beabsichtigten Sachverhalt.

Dazu die Gegenargumente Ballauffs:

„Der tiefe Sinn von Sachlichkeit und Mitmenschlichkeit liegt gerade in der Aufhebung der Motivation, die immer noch der Reflexivität verhaftet bleibt. Reine Sachlichkeit ist kein Motiv mehr und kein Beweggrund des Wollens. Ich will nicht sachlich sein oder werden; das kann ich gar nicht. Solange noch Wille und Motiv aufgerufen werden, erscheine ich als Herr solcher Sachlichkeit. In Wahrheit werde ich von einem Gedankengang, in dem sich das Sein einer Sache erschließt, so ergriffen und in ihn einbezogen, daß meine Motivation nur störend wirken könnte. Ich bin mir selbst entzogen zum reinen Sprechen und Vollbringen des Sachlichen."

„Stellt man das spezifisch Menschliche unter den Gedanken der Motivation, so sieht es aus, als bestehe da ein Ich, dem man entweder Motive beibringen oder aufzwingen könne, aus denen es handle und nachträglich seine Taten und Untaten begründe; oder man meint, das Ich bringe in sich selbst solche Motive auf, durch die es aktiviert wird und sein Handeln bestimmt."[17]

---

[15] Systematische Pädagogik. S. 89-91.
[16] Skeptische Didaktik. S. 28.
[17] a. a. O. S. 60f.

Dem tritt Ballauff in seinem Gedankengang entschieden entgegen. In diesem Sinne schreibt er:

„Wo gedankliche Einsicht maßgeblich wird, bringe ich diese weder auf noch mache ich sie mir zum Motiv. Das würde ja bedeuten, daß ich mich ihr auch entziehen könnte. Einsicht ist jedoch nur dann Einsicht, wenn sie mir in ihrer Maßgeblichkeit einleuchtet und verbindlich wird."

Ballauff betont ausdrücklich, dass das Denken in Einsicht und Erkenntnis, als Frage und Antwort uns ergreift, nicht los lässt und uns manchmal in eine Richtung bringt, die unseren Wünschen, Absichten und Beweggründen zuwider läuft.

„Je absichtsloser, je motivationsloser ich mich dem Denken überlasse, desto angemessener, desto sachlicher wird mein ‚Tun und Lassen', desto mehr komme ich der Wahrheit nach in ihrer Unverfügbarkeit. Ich selbst mit meinen Motiven werde unwesentlich."[18]

Überhaupt wird man mit Bezug auf den Unterricht sagen dürfen: Je absichtsloser der Lehrer mit den Schülern einem Sachverhalt zustrebt, desto lernwilliger und überhaupt aufgeschlossener sind die Schüler; je motivationsloser die Schüler ins Denken hervor gerufen werden, desto angemessener, desto sachlicher wird ihr entsprechendes Handeln.

Dem Lehrer stellte sich danach die Aufgabe, „sofern er selbst ins Denken gezogen wurde, den Schüler nur immer wieder dorthin zu geleiten suchen, wo diesem Einsicht und gedankliche Maßgabe zuteil werden und alles Wollen und Bestimmen zum Schweigen verurteilt ist."[19]

So enthält Ballauffs „kathegetische Konsequenz" auch eine Forderung an den Unterricht:

> „Auf Grund der kathegetischen Analyse muß der Lehrer zwar um die möglichen Motive seiner Schüler wissen, nicht zuletzt seine eigene ‚Motivation' unter Kritik stellen, aber im Unterricht selbst müssen trotz aller Anknüpfung an Motive und trotz ihrer Voraussetzung diese suspendiert werden zugunsten eines motivationslosen Denkens, das gerade nicht steht und fällt mit einer mehr oder minder sachfremden, beigebrachten Motivation."[20]

(4) Einer massiven Kritik setzt Ballauff den programmierten Unterricht aus. In ihm erscheint der Lehrer als „Sozialingenieur", der für die optimale Organisation von Lernprozessen mit Hilfe eines „technischen Instrumentariums" zu sorgen hat.

> „Beim programmierten Unterricht wird vorausgesetzt, daß es sich in allem Lernen um die Vermittlung fertiger Bestände an Kenntnissen und Fertigkeiten handelt, die in eindeutigen Fragen und Antworten festzulegen sind. Wer durch solche eindeutige Programmierung lernt, in dem wird die Überzeugung geweckt, alles ließe sich in eindeutige Systeme bringen, und die Lehrmaschine bringe immer die Wahrheit bei."[21]

---

[18] a. a. O. S. 61.
[19] a. a. O. S. 62
[20] a. a. O. S. 62.
[21] a. a. O. S. 73.

Ballauff führt einige „Begründungen" für die Programmierung an:

„1. um den Schüler ständig und sofort der Richtigkeit seiner Lernschritte zu versichern;
2. um den Schüler ständig unter der Kontrolle dieser Richtigkeit zu halten;
3. um die Frustration des In-die-Irre-Gehens zu vermeiden;
4. um keinen der Schüler durch Abwege zurückbleiben zu lassen;
5. um sich ständig auf dem Weg der Wahrheit zu halten, ohne behindert oder gedrängt zu werden;
6. um nicht unnötig den Lehrer einbeziehen zu müssen;
7. um sich ständig auf dem Weg der Wahrheit bestärkt zu finden;
8. um sich streng an den Weg der Wahrheit zu halten und keine Zeit zu verlieren."[22]

Gegenüber diesen „Argumenten" müssen erhebliche Bedenken erhoben werden, und sie boten bisher auch Anlass vielfältiger Kritik. Schon die Behauptung, alles Lehrbare sei programmierbar, und die „Lehrmaschine" sage immer das Richtige, ist höchst fragwürdig, und es lässt sich die Gefahr nicht bestreiten, die sich hier abzeichnet: die Uniformierung des Denkens und die Manipulierung des Menschen. Das Denken wird uniformiert, weil nur ein Weg, nämlich der, den das Programm vorschreibt, vorgegeben ist und meist auch gegangen wird. Das Verhalten des Menschen, des Schülers wird manipuliert im Sinne einer „Formung", wie es die Programmierer nur wünschen können.

Ballauff kritisiert: „Im Grunde geht es um die alte Frage-Antwort-Methode, um eine Neuauflage des Katechisierens. Und doch ist unsere Moderne gerade dadurch entstanden, daß wir uns dieser Methode entzogen haben, sowohl ihrer Eindeutigkeit und ihren Inhalten als auch ihrer generellen Anwendung."[23]

Das alles ist um so bedenklicher, als wir „nach einem zweihundertjährigen Bemühen, die Menschen zu selbständigem Denken freizugeben", jede „Rückkehr zu vorgeschriebenen Frage-Antwort-Schemata, zur Übertragung des Wissens in reine Abfragemechanismen" als einen Rückschritt erkennen müssen.

Ein gewichtiger Einwand gegen das programmierte Lehren und Lernen dürfte die Tatsache sein, dass es weitgehend den Dialog ausschaltet und damit das, was den spezifisch menschlichen Lebensvollzug ausmacht, in den auch der Unterricht den Einzelnen einweisen möchte. „Der Dialog in seiner Vorläufigkeit und der Unvorhersehbarkeit seiner Wendungen, in der er die Gemeinsamkeit des Logos, aber auch Schwierigkeit und Fragwürdigkeit, Widerspruch und Weglosigkeit im Denken erfahren läßt, wird unwesentlich oder gar zur ‚Erholung' gegenüber dem anstrengenden Lernen nach ‚Programm und Zeiteinheiten'."[24]

Pädagogisch gesehen liegt in dieser „didactica machina" noch in anderer Hinsicht eine ernst zu nehmende Gefahr: „Wer *durch* die ‚Lehrmaschine' lernt, lernt *wie* die Maschine"[25], sagt Ballauff. „Denn wer zehn Jahre hindurch das

---

[22] a. a. O. S. 72.
[23] a. a. O. S. 73.
[24] a. a. O. S. 76.
[25] a. a. O. S. 74.

‚Programm' gelernt hat, wird dies auch weiterhin tun"; wenn einer jahrelang mit der Lehrmaschine gelernt hat, kann es nicht verwundern, wenn er selbst zu einem „Maschinen-Menschen", einem „homo machinus" wird, der auch weiterhin nach gewohntem Schema und fester Regel lernt, mechanisch, ohne weiter nachzudenken und auch seine Arbeiten nur noch mechanisch verrichtet. Die „Mensch-Maschine-Anthropologie" muss beunruhigen, denn es geht um die Mechanisierung der Reaktion und die Reduktion des Menschlichen auf ein technisches Geschehen!

> „Geht man allerdings von der Absicht aus, verwendungsfähige Mitglieder einer technokratischen Gesellschaft zu züchten, so erreicht man sicher den gewünschten Erfolg durch die Programmierung genormter Fertigkeiten, genormten Wissens, die bei jedem Einsatz vorausgesetzt werden können. Eine großartige Möglichkeit, alle Menschen als Spezialisten zu schulen unter Garantie einer einheitlichen ‚Weltanschauung'!"[26]

Ballauff macht auf eine augenfällige Widersprüchlichkeit in demokratischen Ländern aufmerksam, die nicht unerwähnt bleiben sollte.

> „Es ist für unsere Zeit, in der Autoritarismus und Totalitarismus vorherrschen, kennzeichnend, daß sich gerade auch in demokratischen Ländern eine so große Bereitschaft zeigt, den neuen technischen Mitteln pädagogisch überall Eingang zu verschaffen. Die Lenkung der Massen einerseits, die Bereitstellung spezialistischer Arbeitskräfte andererseits – das sind verführerische Motive. Und doch fordern wir vom Demokraten selbständige Verantwortung aus einsichtiger Entscheidung. Wir setzen bei den Wählern innerhalb der Demokratie einen weiten Gedankenkreis voraus, damit sie überhaupt in der Lage sind, über das Wohl der Nation, über die Zukunft Europas mitbestimmen zu können."[27]

Lenkung der Massen und selbständige Verantwortung; Schulung von Arbeitskräften und Bildung des Gedankenkreises; – wie kann das zusammengehen?

(5) Mit der Frage, wie weit ein Verständnis von Bildung als Selbständigkeit im Denken auf Planung und Planbarkeit setzen kann und darf, treffen wir auf die Problematik der Planbarkeit des Unterrichts – und auf Ballauffs Skepsis, die Bildung, die Menschlichkeit in Denken und Verantwortung, durch unmittelbare Maßnahmen zu realisieren. Er fragt deshalb: „Inwiefern ist es denn überhaupt möglich und angebracht, den Unterricht zu planen?"

Eine Antwort liegt in dem Satz: „Nicht das Denken soll geplant werden, sondern der Gang zu jenem Ort, wo ‚Bildung' sich ereignen kann."[28]

Das ist eine bedeutsame Aussage. Planung hat es lediglich auf den Weg der „Bildung" abgesehen, nicht aber auf die Bildung selbst. Das „Ereignis" der Bildung in Denken, Erkenntnis, Einsicht ist nicht voraus sehbar und damit voraus planbar, es kann sich nur in der konkreten Situation einstellen – oder auch ausbleiben. Der Erzieher kann es nicht „wollen". Denken „ereignet sich", wie

---

[26] a. a. O. S. 73f.
[27] a. a. O. S. 74.
[28] a. a. O. S. 86.

Ballauff sagt, es ist ein „Ereignis". Erziehung, Unterricht geleiten den jungen Menschen zum Ort des „Bildungsereignisses".[29]

In diesem Sinne spricht Jakob Muth von der „Nichtplanbarkeit des Unterrichts". Gemeint sind damit Phänomene und Bereiche, „die sich grundsätzlich jeder Planung entziehen. Der Unterricht als künftiges Geschehen ist, wie jedes künftige Handeln, in dem Menschen zusammenwirken und zusammenspielen, nicht bis in alle Details planbar."[30] Planung schafft die Voraussetzung für das „Bildungsereignis", sozusagen den „Vorraum" der Bildung.

Wenn auch keine scharfe Trennungslinie zwischen den beiden Bereichen, dem planbaren und dem nichtplanbaren gezogen werden kann, so geht es doch um die wichtige Einsicht, dass gerade das, um was es sich in der Schule, in jedem Unterricht handelt, nämlich die „Bildung", unverfügbar, nicht machbar und somit nicht planbar ist. Durch noch so perfektes Planen lässt sich Denken nicht einholen.

Ballauffs „deduktiver Beweis" scheint plausibel: „Da alles Planen Denken voraussetzt und von ihm vollzogen wird, so kann das Denken selbst nicht planbar sein."[31] Er kann geradezu von einer Paradoxie der Planung sprechen: Die Einsicht als solche kann nicht „beigebracht", nicht herbei gezwungen werden, aber der Umkreis, in dem sie Ereignis werden kann, ist zu planen.[32]

Eine zweite Antwort auf die anfängliche Grundfrage kann daher lauten: Planung muss das Unplanbare ermöglichen und gewährleisten. Erziehung, Unterricht, Schule müssen geplant, institutionalisiert werden, dagegen ist „Bildung" nicht zu planen, wenn anders es sich um Selbständigkeit im Denken in Einsicht und Erkenntnis handeln soll, die ihren eigenen Gang gehen und nicht von mir „bestimmt" oder „gemacht" werden.

Ballauffs „didaktisches Postulat" enthält dann der folgende Satz: „Der Unterricht ist individuell vom Lehrer zu planen unter der Voraussetzung der Nichtplanbarkeit des Denkens und seines situativen Eintritts."[33]

Ein Beispiel: Da wäre eine Deutschstunde vorzubereiten. „Geplant" ist das Thema der Stunde, z. B. ein Lesestück, der Raum, die Zeit; „geplant", dass der Lehrer den Schülern den Text in Leseheften austeilt; „geplant" ist die Sitzordnung der Schüler, vielleicht auch, dass der Lehrer sich „unter die Schüler" setzt; „geplant" ist auch die Darbietung einiger Bilder zur Veranschaulichung eines einzelnen Ereignisses in der Erzählung ... – *Nicht* planen lässt sich dagegen, dass die Stunde für die Schüler tatsächlich zum Ereignis wird, dass sie so „bei der

---

[29] Systematische Pädagogik. 3. Aufl. S. 131-133.
[30] Jakob Muth: Der gegenwärtige Stand der Didaktikdiskussion. In: Handbuch Schule und Unterricht. Bd. 4. Hrsg. von Walter Twellman. Düsseldorf 1981. S. 18.
[31] Skeptische Didaktik. S. 86.
[32] Funktionen der Schule. S. 323.
[33] Skeptische Didaktik. S. 87.

Sache" sind, dass sie dabei Raum und Zeit vergessen. – „Die Nichtplanbarkeit des Unterrichts zeigt sich in der ‚Zeitlosigkeit' erfüllter Gegenwart."[34]
Theodor Ballauff weist immer wieder auf die Grenzen alles Planbaren und Machbaren hin. Es kommt in der Schule viel auf den Lehrer an –, aber nicht alles! Vielleicht wird einmal die Schule und die Atmosphäre in ihr eine andere, wenn die Lehrer, die Eltern und die Schüler zu dem Bewusstsein gelangt sind, dass der Lehrer den Schülern nichts „beibringen" kann, dass Gedankengang, Einsicht, „Vernunft" nicht in seiner Gewalt und auch nicht herstellbar sind; dass er die Schüler nicht ändern kann, weder ihre Herkunft noch ihre „Individuallage"; dass er aber auch die Dinge und Sachverhalte in ihrem Sein nicht ändern und in ihrem Wesen und Werden weder entstellen noch ideologisch „ummodeln" kann; dass die Wahrheit nicht in seiner Verfügung steht.[35]

Nur indirekt kann der Lehrer durch die Weite seines Gedankenkreises versuchen, den Schüler ins Denken einzubeziehen. Ob der Schüler überhaupt sich dem Denken überlässt, ob er zur Einsicht gelangt, weiter denkt, weiter fragt, steht nicht in seiner Macht – und lässt sich auch nicht am Schreibtisch planen und festlegen.

(6) Der Gedanke der Bildung ermöglicht die Distanzierung von der modernen Lerntheorie. Wenn es für die Pädagogik heute gilt, von einer Lern- und Schulgesellschaft von einer „Schulmeistergesellschaft" weg zu kommen zu einer „Bildungsgesellschaft", dann muss die Schule als totale Lerninstitution abgelöst werden von einer Bildungsinstitution, in der es gegen alle Bedenken- und Gedankenlosigkeit um ein fragendes, zweifelnd-bedachtes, ein skeptisches Denken geht.

Ballauff kommt am Schluss seines Buches zu der ebenso faszinierenden wie provozierenden Konsequenz für eine moderne Unterrichtstheorie: die Notwendigkeit, das „Lernen" zu verlernen. Das „Lernen" müssen wir verlernen, um denken zu lernen. Aber – und das ist die paradoxe Erkenntnis – „denken kann man nicht ‚lernen'."

Dennoch gilt der Satz: „Das Lernen verlernen heißt denken ‚lernen' und umgekehrt." Die „Wende" im Bildungsdenken stellt die „kapitalistische Konzeption" der Bildung in Frage. Sie führt auf die „andere Seite", wo es nichts mehr zu „haben" gibt, nichts mehr zu „erfassen", „anzueignen", zu „erwerben", sondern darum geht, dem Denken teilhaftig zu werden und in einen Gedankengang hinein zu finden. Wenn wir denken, dann lernen wir nicht mehr. „Je mehr ich ins Denken erhoben werde, in die Erschlossenheit des Ganzen und seiner unabschließbaren Frag-Würdigkeit, desto weniger wird dieser Vorgang und dieses

---

[34] a. a. O. S. 88.
[35] Schule der Zukunft. 3. Aufl. Bochum o. J. (1968) S. 58.

Ereignis sich als ‚Lernen' interpretieren." Die alte Frage, sagt warum wir etwas lernen, ist, wenn wir ins Denken gelangt sind, keine Frage mehr.[36]

Ein bloßer Einblick in das Werk fasst so manchen anderen erwähnenswerten Gesichtspunkt gar nicht ins Auge. So wären durchaus noch bedeutungsvolle „kathegetische Theoreme" in den Blick zu nehmen, so die Sprachlichkeit als ein Kennzeichen des Unterrichts; Vortrag und Gespräch als sein Alpha und Omega; die kathegetische Provokation als Hervorruf – nicht „Herausforderung"! – des Schülers ins Denken und Handeln und noch manches andere. Es soll und kann daher in diesem Rahmen nur bei Hinweisen bleiben.

Skeptische Didaktik – eine provokante Theorie? Wenn das Ergebnis einer modernen Unterrichtstheorie die Erkenntnis von der Notwendigkeit ist, das „Lernen" zu verlernen und das Denken zu „lernen" mit der Paradoxie, dass Denken nicht zu „lernen" ist, wenn Ballauff in der Pädagogik den biologischen Begriff der „Entwicklung" verabschiedet und den Erziehungsvorgang als „Verwicklung" des Menschen in vielfältige menschliche Bezüge und immer umfassendere Zusammenhänge beschreibt, also keinen „Entwicklungsprozess", sondern einen „Verwicklungsprozess" annimmt und dem entsprechend dem „Begabungsbegriff" eine andere Wendung gibt, wenn er den tieferen Sinn von Sachlichkeit und Mitmenschlichkeit in der Aufhebung der sachfremden Motivation sieht, wenn er mit Bedenken und deutlicher Kritik dem „programmierten Unterricht" entgegen tritt und der „Planbarkeit des Unterrichts" eine enge Grenze zieht, innerhalb derer zu planen ist, die Bildung in Denken und Einsicht hingegen Planbarkeit nicht zulässt, – dann dürfte die Rede von einer „provokanten Theorie" nicht unzutreffend sein!

---

[36] Skeptische Didaktik. S. 113.

V. DIE SCHULE IM AUFTRAG DER BILDUNG – DIE SCHULTHEORIE THEODOR BALLAUFFS

1. Die Schule im Licht ihrer Funktionen

In Anlehnung an einen Einleitungssatz Ballauffs könnte man formulieren: Mit Schultheorie haben wir es nur dann zu tun, wenn eine Antwort auf die Frage nach Sinn und Auftrag der Schule gegeben wird. Oder wie Ballauff es formuliert: „Man muß wissen, was die Schule soll, weshalb man sie einrichtet, was ihre Aufgaben und Ziele sind und woran man deren Erfüllung messen kann. Man muß sich über die ‚Funktionen' der Schule klar sein." Auch Kritik ist nur auf der Grundlage einer Theorie der Schule möglich. Denn nur von ihr her kann doch ausgemacht werden, ob es sich in der Schule um Bildung handelt, ja ob die Schule sich überhaupt die Bildung zu ihrer Aufgabe gemacht hat, wir es also mit einer Bildungseinrichtung zu tun haben oder etwa mit Schule als einer „Sozialisationsagentur" oder „Zubringeranstalt" für den jeweiligen wirtschaftlichen, sozialen oder bürokratischen Stellenplan oder einer „Selektionsinstanz" für Karriere oder sozialen Aufstieg o.a. Statt dessen müssen wir feststellen, dass es der Schule im Laufe ihrer Geschichte zuerst und zumeist um alles andere ging als um Bildung. In diesem Sinne lautet auch der erste Satz in Ballauffs Schultheorie aus dem Jahre 1982, den *Funktionen der Schule*:

„Die Geschichte der Schule ist ein Trauerspiel. Gemessen an dem, was man ihr auftrug und was man von ihr erwartete, enttäuschten ihre Institution und die Vorgänge in ihr immer aufs neue. Ja, ihre beobachtbare, feststellbare Wirklichkeit bot oft den gegenteiligen Anblick zu ihrer postulierten Gestalt und Verfassung."[1]

Ballauff macht daher den Versuch, in einer Interpretation der Schule auf Bildung und Erziehung hin „die ‚Funktionen' der Schule in einer historischen Systematik aufzufinden und zu ordnen." In seinen „Längsschnittuntersuchungen" deckt er mehr als dreißig Funktionen auf, von denen dreiviertel mit Bildung kaum oder nur am Rande zu tun haben. Das lässt zu, zwei Gruppen von Funktionen voneinander abzuheben. Die eine Gruppe nennt er die „gängigen (pervulgaten), alltäglichen (quotidianen), gewöhnlichen (trivialen) Funktionen", wie sie von der Erziehungswissenschaft aufgefunden und hervor gehoben werden.[2] Diese Funktionen haben nach Ballauff mit der Schule nur „akzidentell", nicht „substantiell" zu tun; „bleibt man bei ihnen stehen, kommen wir nie ‚in die Schule', in ihren konstitutiven Sinnhorizont, der das Ergebnis einer langen Geschichte ist."[3]

---
[1] Funktionen der Schule. S. 1. (s. Einl., Anm. 3.)
[2] a.a. O. S. 5f.
[3] a.a. O. S. 340.

Es seien einmal drei von diesen Funktionen kurz heraus gestellt: die „qualifizierende", die „informierend-indoktrinierende" und die „sozio-politische" Funktion der Schule.

(1) Zur *Intention* der *qualifizierenden bzw. technisch-ökonomischen Funktion* – übrigens eine der ältesten bei Schulgründungen – lautet der erste Satz: „Schule bedeutet eine Veranstaltung und Einrichtung zur Übermittlung von Wissen und Können, das sich bezahlt macht." Dann weiter: „Sie unterrichtet in Kenntnissen und Fertigkeiten, die sie nach Überprüfung dem einzelnen bescheinigt."[4]

(2) Zu Anfang der *informierenden Funktion* ist zu lesen: „Der zentrale Vorgang in der Schule wurde der Unterricht, das Lehren und Belehren, das Informieren und Instruieren bis hin zur Indoktrination." Durch Information wird der Schüler „in Form" gebracht. „Die informatio geschieht durch Übermittlung formender, prägender, richtender Gedanken und Vorstellungen." Es handelte sich dabei nie um bloße Unterrichtung, um „Wissensvermittlung", ein „In-Kenntnissetzen" von diesem oder jenem; „Unterricht beabsichtigt mehr im Vermitteln verbindlicher Lehren, Regeln, Gesetze, Normen und ebenso endgültiger oder doch maßgeblicher Erkenntnisse."[5]

(3) In der *sozio-politischen Funktion* dient die Schule von alters her der Erhaltung von Kirche und Staat; modern gesprochen: „sie hat eine reproduzierende und stabilisierende Funktion für den Staat; sie dient der Aufrechterhaltung bestehender Machtverhältnisse usw."[6]

Die zweite Gruppe bilden die Funktionen, auf die es in der Schule ankommt. Ballauff nennt sie die „paideutischen Funktionen", die den gängigen – traditionell-trivialen – Funktionen in vielem entgegen traten und entgegen stehen.[7] Mit ihnen betreten wir erst die Schule, ihren „konstitutiven Sinnhorizont", und Ballauff betont ausdrücklich, dass es sich um die Gruppe handelt, die pauschal mit dem alten Namen „Bildung" umschrieben werden kann.

> „Zentral werden wir die emanzipatorische und partizipatorische Funktion einsetzen: die Befreiung aus dem Kordon alltäglicher Befangenheit und die unabschließbar sich ausweitende Teilhabe an Kosmos, Kultur, Gesellschaft. Besonders die theoretische Funktion muß unterstrichen werden. Zur Selbständigkeit im Denken zu gelangen – darum ging und geht es in der Schule. Wie auch immer diese Funktion in der Schule entstellt wurde, wieviele Einwände vorgebracht wurden – immer mußte zu dieser Funktion zurückgekehrt werden, wollte man nicht die Schule überflüssig machen. Synthese und Kulmination kann in der eruditiven Funktion gesehen werden. Soviel auch gegen ‚Bildung' gesagt worden ist – es hat sich herausgestellt, daß nicht ohne sie auszukommen ist und daß alle Ersatzbegriffe wie

---

[4] a. a. O. S. 12.
[5] a. a. O. S. 61f.
[6] a. a. O. S. 28.
[7] a. a. O. S. 6.

Lernen, Qualifikation u.a. Gefahr laufen, um das zu betrügen, was jeweils versprochen wird."[8]

Zu der ohnehin beachtlichen Anzahl aufgefundener Funktionen stellen sich noch einmal mehr als dreißig von Ballauff genannte *konveniente Funktionen* ein, Funktionen, die „nicht eigens intendiert und konstituiert" wurden, „dann aber an Einfluß gewinnen konnten, so die konservative, die restaurative, die allokative (katataktische) Funktion."[9]

Die letzte als Beispiel. In der – gewiss nicht allzu populären – *allokativen Funktion* „mag die Schule gängeln und zuweisen, sowohl dem einzelnen bestimmte Berufe sowie auch den Berufen ‚Arbeitskräfte'." Die allokative Funktion kann aber auch in einem positiven Sinne als *katataktische Funktion* verstanden werden: „Die Schule erschließt Tätigkeitsfelder, die umrissene Aufgaben vor Augen stellen und zur Mitarbeit veranlassen. [...] In ihrer katataktischen Funktion weist sie nicht mehr zu, sondern eröffnet sie; blockiert sie weder ‚Lebenschancen' noch diktiert sie jedem ‚seine Zukunft', sondern ermöglicht ‚Berufswahl' und Lebensweg."[10]

Noch ein flüchtiger Blick auf eine konveniente Funktion der „teleologischen Funktion": die *methodische Funktion*. Sie dürfte schon aus geschichtlichen Gründen und dann wegen ihrer Verbindung mit vielen anderen Funktionen von Bedeutung sein. Aus der Argumentation nur die wenigen Sätze:

„Ist die Schule teleologisch strukturiert, wird sie nach Wegen suchen, ihre Ziele zu erreichen." [...]

„Für die Schule muß die Methode zentrale Bedeutung gewinnen, sofern in der Schule junge Menschen auf den Weg gebracht werden sollen, nicht nur im propädeutischen Sinn, sondern auch im Sinn umfassender Partizipation in Gedanke, Werk und Tat.

Nicht nur um jene auf den Weg zu bringen, bedarf es der Methode, sondern auch um ihnen die für die mannigfachen Sachgebiete erschließenden Methoden zugänglich zu machen, von Bericht und Beobachtung an bis zur schwierigen hermeneutischen Analyse oder empirischen Forschung."[11]

Ballauff schreibt zu den Verkehrungen der „methodischen Funktion":

> „In der Tat geriet die ‚Methodik' nur zu schnell in ihre Verkehrungen hinein, im großen ganzen immer dieselben: Nur das Methodisierbare findet Eingang in die Schule. – Die Methode gilt für alles und für alle gleichermaßen; alles muß in sie ‚hineingezwängt' werden. – Nur die Methoden sind als Schlüssel und Instrumente zu erlernen und zu handhaben; das Sachliche tritt zurück oder wird seinerseits Mittel, Methode zu lernen. – Die pädagogisch orientierte Methode hat den Vorrang vor sacheigenen, wissenschaftlichen Metho-

---

[8] a. a. O. S. 5.
[9] a. a. O. S. 418.
[10] a. a. O. S. 37f.
[11] a. a. O. S. 320.

den und kann didaktisch präpariert werden. – Die Methode wird zu Drill und Training und verendet in handfesten Operationalisierungen."[12]

Theodor Ballaufs Funktionenanalyse geht so ins Detail, dass in der Tat recht ungewöhnliche, bisher wohl kaum ins Bewusstsein getretene Funktionen ans Licht kommen. – Dazu wieder ein Beispiel: In der Gruppe der von ihm so bezeichneten „kommunikativen Funktionen" finden wir nicht nur die daraus sich ergebende *sozialisierende Funktion* der Schule; es ist auch eine *solidarisierende Funktion* darunter, die „aus der Zusammenkunft und dem Zusammenschluß vieler Jugendlicher im Raum der Schule verständlich" ist.[13] Und dem oberflächlicheren Betrachter des Inhaltsverzeichnisses könnte leicht entgehen, dass als vierzehnte unter den Funktionen auch noch eine *sodalisierende Funktion* zutage tritt. Man versteht sie aufgrund der alten Erfahrung, dass durch Schule Freundschaften geschlossen, informelle und formelle Gruppen gebildet werden usw., die Schule also sodalisiert. Sodalisation mag von Solidarisation nicht immer leicht zu trennen sein; dennoch braucht letztere sich wohl nicht eigens einzustellen oder ausdrücklich gefordert bzw. auferlegt zu werden.[14]

Man hat bisher wohl kaum darüber nachgedacht, dass die Schule „Funktionen" in sich birgt, die zwar insgeheim „vorausgesetzt", doch weder intendiert noch bewusst artikuliert werden. Ein Beispiel dafür sei die von Ballauff genannte *exonerierende (entlastende) Funktion.*[15] In dieser Funktion entlastet die Schule vor allem die Eltern zum einen täglich eine Zeitlang von Erziehung und Bewahrung, zum anderen von der Überforderung der Eltern, ihre Kinder sachgemäß zu unterrichten; aber sie gelangt doch wohl kaum über die „Schwelle des Bewusstseins" – sowohl bei den Eltern wie bei den Lehrern. Dies dürfte in gewissem Sinne auch für die von Ballauff so bezeichnete *sustentative (versorgende) Funktion*[16] zutreffen, in der die Schule für das Fortkommen ihrer Schüler und den Lebensunterhalt ihrer Lehrer sorgt. Man könnte diese Funktionen auch mit Ballauff zu den von ihm genannten „latenten Funktionen" ordnen, also nicht offenkundigen, verborgenen. So gibt es eben eine Schultheorie, die sie aufdeckt! –

2. Die Konversion der Funktionen unter dem Bildungsgedanken

Die Besonderheit an der ganzen Schultheorie Theodor Ballauffs dürfte seine „Konversionstheorie" sein.[17] Das ihm eigentümliche pädagogische Denken zeigt

---

[12] a. a. O. S. 321.
[13] a. a. O. S. 215.
[14] a. a. O. S. 188.
[15] a. a. O. S. 242.
[16] a. a. O. S. 247.
[17] J. Ruhloff: Zur Kritik der schultheoretischen Urteilskraft. In: Vjschr. f. Päd. S. 464-479.

sich auch hier in seinem Vorgehen. In seinen „Konversionen" will er aufzeigen, „wie sich Funktionen der Schule in sich ‚umwenden' lassen und so einen neuen Sinn, eine Konversion ins Positive finden." In einer solchen „Konversion", betont Ballauff, werde „teils überkommene Sinngebung und Aufgabenstellung bewahrt, teils das traditionelle Selbstverständnis der Schule, unter Einschluss seiner modernen Versionen, aufgehoben und gewandelt."[18]

Ich greife wieder drei Beispiele heraus:

(1) Die Konversion der *propädeutischen* in die *isagogische Funktion*. Aus der *Intention* der propädeutischen Funktion, die ihrem Namen nach in der „Vorbereitung für das Leben" liegt, hebe ich nur hervor: „Nicht für die Schule, sondern für das Leben lernen wir." – Darin liegt: „Die Schule übernimmt die Aufgabe, für die Tätigkeit des Erwachsenen in Beruf und Familie, als Staatsbürger, als Christ vorzubereiten."

„Schule kann für die Heraufführung und Gestaltung einer besseren Welt vorbereiten: für die Gemeinschaft der Heiligen, für die Demokratie, für die klassenlose Gesellschaft."

Die *Argumentation* „verweist [...] auf die Notwendigkeit zu lernen, weil das Leben in der Gesellschaft als Erwachsener eine Fülle von Kenntnissen voraus setzt, will der einzelne in ihr, aber auch die Gesamtheit bestehen."[19]

Die grundsätzliche Infragestellung der „propädeutischen Funktion" der Schule kann einleuchtende Gründe anführen, vor allem die mangelnde Differenzierung: „Für ‚kaufmännische Auslandskorrespondenz in englischer Sprache' werde ich von Schulen und schulischen Kursen vorbereitet." Auch für eine Exkursion in die afrikanische Steppe lassen wir uns vorbereiten. „Für Schreiben und Lesen in der Muttersprache werde ich nicht vorbereitet, nicht ‚ausgebildet', sondern in sie werde ich eingeführt", betont Ballauff in seiner Kritik an dieser Funktion. „Wir werden auch durch die Schule nicht auf sprachliche oder chemische Zusammenhänge, auf Kunst und Forschung vorbereitet; sondern sachliche und mitmenschliche Verhältnisse werden uns erschlossen, wir werden in sie eingeführt, besser: in sie einbezogen, wir beginnen in und aus ihrer Erkenntnis zu denken und zu handeln."[20] Überhaupt ist die „Aufopferung der Gegenwart für die Zukunft" abzulehnen, da wir nicht wünschen können, „die Schule als Mittel für Zwecke der ‚Arbeitswelt' eingesetzt oder ausgenutzt zu sehen."[21]

Die Konversion der „propädeutischen Funktion" kann daher nur heißen: die Umwandlung der *propädeutischen Funktion* in die *isagogische (einführende) Funktion* der Schule.

---

[18] Funktionen der Schule. S. 413.
[19] a. a. O. S. 97.
[20] a. a. O. S. 101.
[21] a. a. O. S. 100.

"Je schwieriger es wird, in der modernen Welt ‚auf das Leben' (in Zukunft) vorzubereiten, es in Zielen und Grundvorgängen, in Wertungen und Wandlungen vorwegzunehmen, ohne dem Heranwachsenden das zu nehmen, was wir in Zukunft von ihm erwarten: eigene Zielsetzungen, neue Wege, ein Abwägen zwischen alten und neuen Formen und Normen – desto weniger kann eine Institution wie die Schule eine propädeutische Funktion übernehmen oder erfüllen, desto mehr muß sie aber erschließen und in die Mannigfaltigkeit des Bestehenden und Bevorstehenden einführen."

Demnach also nicht zuallererst „Vorbereitung", sondern Einführung, „aufschließende Einleitung". – Mit Ballauff kann man dem berechtigten Einwand gegen alle Propädeutik wohl kaum widersprechen: „Alles, was bloß der ‚Vorbereitung' dient, wird so schnell wie möglich hinter sich zu bringen versucht. Die Schule macht sich durch ihre propädeutische Funktion den Schülern nicht ‚interessanter', sondern bestärkt diese nur in der Auffassung, daß man die Schule so bald als möglich überstanden haben sollte."[22]

(2) Theodor Ballauff sieht Bildung in „Selbständigkeit im Denken" als „selbstlose Verantwortung der Wahrheit". Die Schule hat demzufolge die Aufgabe, den Heranwachsenden zur verantwortlichen Erfüllung eigenständig oder gemeinsam mit anderen ermessener Ansprüche und Aufgaben um ihrer selbst willen frei zu stellen. Das besagt: der Einzelne soll frei gemacht werden von den alltäglichen Bindungen und Zwängen, von primären Vorurteilen und Voreingenommenheiten, „von der Bindung an gesellschaftliche Positionen und soziale Wertungen; er soll freigemacht werden für die Teilhabe am Ganzen durch Einsicht, Werk und Tat, durch Wissenschaft und Politik", um ihn dem Denken und der Wahrheit zugehören zu lassen. Ballauff betont immer wieder, dass der Einzelne dieses Denken nicht aus sich heraus aufbringen oder wie über ein Instrument über es verfügen kann, sondern das Gegenteil:

„Der einzelne wird in die ‚Schau der Ideen' versetzt, das soll besagen, er kann sich die Gedanken, die ‚Ideen', die Erkenntnisse nicht ‚machen', sondern hat sich ihnen, ihrer Logik, ihrer Dialektik, ihrer Symploke zu fügen. Sie müssen ihm zuteil werden; er besitzt sie nicht als ‚Begabung' im Sinne einer anfänglichen Ausstattung, sondern muß sich mit ihnen begaben lassen."[23]

Erst dann haben wir es mit *Emanzipation* zu tun. Solange sich alles um ein „Freimachen von ..." dreht, ist der pädagogische Gedanke der Emanzipation noch nicht getroffen. Zur Emanzipation muss die Partizipation hinzukommen oder, im Sinne Ballauffs gesagt: in seiner Schultheorie geht es um die Konversion der *emanzipatorischen Funktion* in die *partizipatorische Funktion* der Schule, bei der es sich um ein „Freigeben für ..." handelt, und zwar so, dass die Freigegebenen ihre Wege selbst finden und gehen können.[24] Dem Einzelnen, dem Schüler nur die Freizügigkeit seines Handelns zu versichern, geht pädago-

---

[22] a. a. O. S. 100f.
[23] a. a. O. S. 344.
[24] a. a. O. S. 350.

gisch gesehen also nicht weit genug. „Emanzipation ist erst dann eine politisch qualifizierte Losung, wenn dem, dem diese Freigabe zugesprochen wird, gleichzeitig gezeigt wird (durch Unterricht und Erziehung), was damit auf ihn zukommt."[25]

Emanzipation in diesem Sinne – die paideutische Emanzipation – gibt demnach nicht zur „Willensfreiheit" frei, sondern zur Selbständigkeit im Denken, die zwar den Einzelnen befreit aus allen sein Denken und Handeln behindernden oder unmöglich machenden Fesseln, – was also ihn daran hindert, einem Anspruch zu entsprechen, eine Aufgabe zu erkennen, zu übernehmen und zu erfüllen, zugleich aber „Bindung" bedeutet, Inanspruchnahme, Führung und Stellung vor Aufgaben. Denn solche „Freiheit" ist die Bedingung der Möglichkeit der Menschlichkeit, die sich im freiwilligen Verzicht auf den Gebrauch der eigenen Freiheit bewähren kann. – Wie sagte doch Martin Buber: „Der Gegenpol von Zwang ist nicht Freiheit, sondern Verbundenheit."[26]

(3) Theodor Ballauffs schulische Funktionen im Ganzen betrachtet, wird man der *sozialisierenden* Funktion wohl eine grundlegende Bedeutung zuschreiben müssen, und zwar deshalb, weil diese Funktion nicht nur viele – von ihm heraus gestellte – mit Bildung weithin unvereinbare Funktionen in sich schließt, sondern vor allem deshalb, weil sie in ihrer Umwandlung, also ihrer Konversion, erst zu dem führt, was in Ballauffs Schultheorie Bildung genannt werden kann.

Ballauff schreibt selbst unter den *Intentionen*, dass wir mit der sozialisierenden Funktion „auf eine tragende Funktion der Schule treffen. Schulen hat jede Gesellschaft zu ihrer Zeit eingerichtet, um sich den einzelnen einzuverleiben." Er geht daher mit dieser Funktion hart ins Gericht. „In jedem Fall ging es darum, durch Schule jedem zu einem nützlichen Mitglied der Gesellschaft heranzubilden oder gar zu ‚machen'."

Aus der *Argumentation* ragt hervor: „Sozialisation durch die Schule meint also die Aufnahme der Kinder und Jugendlichen in die Gesellschaft, die diese Schule einrichtet. Sie meint aber auch die Ermöglichung dieser Aufnahme. [...] Sozialisation qualifiziert für Berufe, sie nimmt die Schüler in ihre Religionsgemeinschaft auf; sie lehrt sie, die Politik ihres Staates nicht nur kennen, sondern ihr auch folgen."[27]

Die Motivation der sozialisierenden Funktion sieht Ballauff u.a. „in der Gewöhnung an herrschende Ordnung [...]; sie dient zugleich der Stabilisation." Und weiter:

„Staat, Gesellschaft, Gruppen erwarten von der Sozialisation die Abwehr von Neuerungen, von Innovationen und Revolutionen."

---

[25] Kl. Schaller: Einführung in die kritische Erziehungswissenschaft. Darmstadt 1974. S. 70.
[26] M. Buber: Über das Erzieherische. In: Reden über Erziehung. 8. Aufl. Heidelberg 1964. S. 22.
[27] Funktionen der Schule. S. 224.

„Planbarkeit und Verfügbarkeit können Motiv sein."[28]

Die Fragwürdigkeit der sozialisierenden Funktion, die sich schon bei der Besprechung dieser Funktion beim Leser einstellen mag, kommt dann in Ballauffs massiver *Kritik* sehr deutlich zum Ausdruck. Daraus eine aufschlussreiche Passage:

„Die sozialisierende Funktion der Schule droht den einzelnen in seinem Denken und damit in seinem Fühlen und Handeln, kurz in seinem Selbstverständnis völlig dem ‚Allgemeinen', gesellschaftlich Maßgeblichen, seiner Mitwelt, seiner Epoche auszuliefern. Sie erzieht zum Untertan, zum guten Staatsbürger, zum brauchbaren Menschen. Der einzelne muß auch nicht mehr darüber nachdenken, worin die Brauchbarkeit, das Gute, die Untertänigkeit besteht. Das lernt er fraglos auf der Schule; oder diese verfehlt ihren Zweck. [...]
Individualität, Autonomie, selbständiges Ermessen, das Beschreiten unerprobter Wege scheinen ausgeschlossen zu werden. Wie sollte es dabei zu einem ‚Fortschritt', zu einer Selbstkritik der Gesellschaft in ihren Gruppen oder einzelnen Mitgliedern kommen? Wo blieb ‚ich selbst', der einzelne in seiner Einzigartigkeit? Wurde diese ihm durch Sozialisation nicht gerade verweigert? Ja wo blieb der einzelne in seiner Einmaligkeit, in seiner Singularität? Die sozialisierende Funktion der Schule mußte doch gerade in ihm nur einen der vielen Vertreter seiner Nation, seines Volkes, seiner Gruppe sehen, jederzeit ersetzbar, nur relevant in dieser seiner Repräsentanz, aber nicht in seiner Unersetzlichkeit – niemals vorher war dieser Mensch, niemals wird er wieder sein – ."[29]

Dennoch kann Sozialisation nicht aus der Welt geschafft werden; sie braucht auch nicht von ihrer negativen, ihrer beschwerlichen Seite her verstanden und darin fest geschrieben zu werden; „sie muß nur in ihren Grenzen erkannt sein und eingesehen werden." Die schwierige Aufgabe, das Maß für Sozialisation, ja auch Emanzipation zu finden, ist auch und vor allem der Schule gestellt. Sie „muß daher die sozialisierende Funktion selbst bewußt machen"[30], und das heißt: die Umwandlung der Sozialisation in Bildung als gedankliche Selbständigkeit, die Konversion also der *sozialisierenden Funktion* in die *eruditive Funktion* –, denn das Ziel der Erziehung, schreibt Ballauff an anderer Stelle, „kann nur die Vermittlung der primären Sozialisation an die Besonnenheit sein."[31]

In der eruditiven Funktion finden alle Funktionen der Schule ihre Konversion. Sie ist daher nicht nur die Umwandlung der sozialisierenden Funktion, sie ist die „Konversion der Schule" selbst.[32] „Schule hat die Aufgabe, Bildung zu ermöglichen", lautet der erste Satz aus den *Intentionen*. „Gilt dieser Satz, so müssen alle Funktionen der Schule dazu beitragen. Bildung könnte so wie ihr Parameter oder ihr Gradient anzusehen sein, vielleicht auch als ihre Synthese." Nach Ballauff muss anerkannt werden, „daß die These von der Bildung kein moderner oder

---

[28] a. a. O. S. 225.
[29] a. a. O. S. 234.
[30] a. a. O. S. 234f.
[31] Systematische Pädagogik. S. 77.
[32] Funktionen der Schule. S. 431.

ephemerer Einfall ist" und dass es keineswegs so ist, „daß wir nach vielen Jahrhunderten ‚Bildungsgeschichte' nicht in der Lage wären, Bildung zu umschreiben", und er bevorzugt die Umschreibung, wie sie bereits im zweiten Kapitel zum Ausdruck kam: „Selbständigkeit im Denken aufgrund eines weiten Interpretationshorizontes."[33]

„Selbständigkeit im Denken" – die große Antithese zur Sozialisation![34] In diesem Sinne hebt Ballauff eine Funktion hervor, „die in der Geschichte für die Schule maßgeblich" wurde, in den modernen „pädagogischen Trends" aber oft genug ohne größere Bedenken zurück gedrängt, vernachlässigt wird: die *theoretische Funktion*. In dieser Funktion eröffnet Schule „Theorie als einsichtigen Zusammenhang eines Ganzen, der klärt, begründet und Folgerungen ziehen läßt." Sie möchte „den Vorstellungskreis der Schüler, ihren Assoziationshorizont in einen Gedankenkreis, einen Interpretationshorizont, verwandeln, unter dem gedacht wird und ein jeder bedacht ans Werk gehen kann."[35] Ihre Verwicklung in die Ambivalenz mit einer „praktischen Funktion", die „Diskrepanz von contemplatio und actio", wie Ballauff sagt, führte in der Folgezeit zu einer Theoriefeindlichkeit, die keiner mehr übersehen kann. – Die heute viel beschworene „Praxis" gehört bei Ballauff zu den „universellen Bildungsrestriktionen"[36], und er hält es für nötig zu betonen, dass „die Frage nach Maßgaben und Kriterien, die unsere Praxis ausweisen, rechtfertigen, begründen, sich „im Denken" stellt. Zudem überführen ja die – schon angesprochenen – anderen paideutischen Funktionen wie die isagogische, emanzipatorische, partizipatorische u.a. ins Gedankliche.

Die ständige Verpflichtung der Schule auf die „Praxis", der Vorrang der Anschauung und der Selbsttätigkeit konnten zu „Flucht aus dem Denken" oder auch „Flucht vor dem Denken" verleiten. Das „Prinzip der Selbsttätigkeit" kann dazu führen, dass der Schüler nicht mehr bereit ist, „zu hören, nach- und weiterzudenken", sondern so schnell wie möglich selbst etwas „tun" will, z.B. reden, unternehmen, herstellen, „diskutieren".[37]

Man dürfte dann einer These und ihrer Antithese zum neuzeitlichen Primat des Handelns die Zustimmung nicht versagen. Zunächst die These:

> „Seit die Neuzeit die Praxis zum Alpha und Omega der Menschlichkeit erklärte, d.h. das bewegte, unternehmende, herstellende Tätigsein, seitdem Aktivität, Spontaneität, Produktivität oberste Maßgaben auch für die Schulbildung wurden, mußten Einsicht und Erkenntnis, Besinnung und Nachdenklichkeit erhebliche Einschränkungen hinnehmen und schließlich durch ihre Instrumentalisierung und postulierte Operationalisierung weitere Verkürzungen erleiden."[38]

---

[33] a. a. O. S. 361f.
[34] vgl. a. a. O. S. 234f.
[35] a. a. O. S. 356.
[36] a. a. O. S. 304.
[37] a. a. O. S. 359.
[38] a. a. O. S. 304.

Und dann – aus der „theoretischen Funktion" – seine durchaus nicht abwegige Antithese:

„Man könnte geradezu eine verwegene Antithese zum neuzeitlichen Primat des Handelns und der Praxis aussprechen:
Nicht dient Denken der Praxis als Mittel und Wegweiser, nicht schlägt es um in Praxis als sein letztes Worumwillen, sondern die Praxis ist um des Denkens willen: Sie gibt uns etwas zu denken. Wenn Denken die auszeichnende menschliche Tätigkeit umschreibt, dann muß uns immer etwas zu denken aufgegeben werden. Die Praxis gibt mir zu denken, d.h. sie läßt mich Mensch werden. Denken erfüllt sich in Wort, Werk und Tat und stellt sich erneut in ihnen in Frage und zur Aufgabe."

Für diejenigen, die auf ihre „realistische" oder „praktische" Einstellung pochen, müssten auch die folgenden Sätze provokativ klingen:

„Nicht die Experimente sind das Wichtige, sondern das, was sie uns zu denken geben. Nicht das Schaffen und Handeln ist das Wichtige, sondern das, was in ihnen an Gedanken, Einsichten, Hypothesen in die Tat umgesetzt wird, und was uns Werk und Tat erneut zu bedenken veranlassen. Also keine Umsetzung der Theorie in die Praxis, so daß diese jene aufhöbe, sondern kontinuierliche Gedankengänge und ihre jeweilige Erfüllung oder praktische Entsprechung!"

In diesem Sinne geht er weiter:

„Der Gedanke der theoria enthielt nicht die Tatenlosigkeit, sondern die Zweck- und Absichtslosigkeit. Die Theorie sagt erst, was Zweck hat und beabsichtigt werden kann. Sie ist nicht ‚Untätigkeit', sondern höchste, den Menschen auszeichnende ‚Tätigkeit', wodurch er sich von anderen Lebewesen abhebt. Der Menschlichkeit ist es eigen, aus Einsicht und Bedachtheit zu sprechen, zu schaffen und zu handeln."

Für die theoretische Funktion gilt demnach: „In ihrem Unterricht wird den Schülern etwas zu denken aufgegeben, nicht aber etwas zu ‚machen', zu ‚arbeiten', zu ‚leisten', herzustellen oder zu ‚produzieren'."

Und den „Praktikern" gibt Ballauff noch zu bedenken:

„Die theoretische Funktion der Schule besagt, daß es nicht um die Überwindung der Praxisferne der Theorie geht, sondern um die Theorieferne der Praxis. Die Schule nimmt ihre Schüler nicht als ‚Arbeitskräfte', Produzenten und Konsumenten, sondern als denkende Wesen, die aus immer umfassenderem Gedankenkreis Werk und Tat als dessen Implement zu erreichen und zu legitimieren vermögen."[39]

In der Tat ungewöhnliche Gedanken. – Vielleicht brauchen ungewöhnliche Gedanken ihre Zeit, bis sie bei den Menschen „ankommen", einleuchten und auch etwas „bewirken".

Theodor Ballauff überschreibt am Schluss des Buches ein Kapitel mit „Abolition der Schule", soll heißen Absage an die Schule, in dem er die geläufige Schulkritik aufgreift. In diesem Porträt soll und kann nicht annähernd dargestellt

---

[39] a. a. O. S. 358f.

werden, gegen was und wen diese Kritik sich im Einzelnen richtet. Es kann daher nur bei der Andeutung der Grundrichtung, der Tendenz bleiben.

Die Schule ist von Anfang an von Kritik begleitet worden. Diese Kritik galt ihren Inhalten, ihren Vermittlungsformen, ihren Disziplinierungs- und Domestizierungsmaßnahmen, ihrer Institution, führte zu der Forderung nach Umgestaltung der Schule „von Grund auf" oder ihrer Abschaffung. – „Viele Schulkritiker gehen von dem Axiom aus, Schule habe sich nach dem Menschen zu richten"; sie verstehen „weithin Bildung als individuelle und kollektive Bedürfnisbefriedigung"; das Was der Bedürfnisse leiten sie „aus einer mehr oder minder expliziten Metaphysik bzw. ihrer Axiomatik her." Kommt die Schule diesem Verlangen nicht nach, versagt sie in ihren „Funktionen", „so habe sie sich zu ändern bzw. sei sie zu ändern, bis sie breiteste Zustimmung und allgemeines Wohlgefallen finde. Weder wissen wir jedoch eindeutig", hält Ballauff den Kritikern entgegen, „was den Menschen einer Gesellschaft angemessen ist noch können wir als Kriterium für eine Einrichtung das Wohlbehagen oder das subjektive Empfinden derer, die in sie eintreten, ansetzen."[40]

Die Schule wird auch deshalb eingerichtet, damit ihre Schüler allererst in die Lage versetzt werden, ihre Lebenssituationen einzusehen und zu beurteilen und ihre Aufgaben zu ermessen.

Ein Grundgedanke der Bildungstheorie ging doch davon aus, „der einzelne müsse lernen, Maßgaben zu bedenken, die erst gestatten, über Bedürfnisse, Neigungen usw. zu urteilen und demgemäß ihre Anerkennung oder Ausschaltung zu rechtfertigen." Das sähen jene Schulkritiker gar nicht mehr, „sondern nur noch die Verkehrungen und den Mißbrauch, von denen man ja nur sprechen kann, wenn man ein Positivum, ein Affirmativum voraussetzt."[41]

Nach Theodor Ballauff lässt sich die traditionelle Schule durchaus verteidigen, und er kann deshalb in seiner Kritik an jener Kritik, einer „Metakritik" eine ernst zu nehmende Gegenargumentation vorbringen, „nämlich wieweit Lehrer und Schüler, Gründer und Leiter den Funktionen der Schule Gewalt antun, sich ihnen entziehen, ihnen gegenüber versagen oder sie in ihr Gegenteil verkehren."[42] In dem mit besonderem Engagement geschriebenen Taschenbuch *Schule der Zukunft* schreibt Ballauff: „Die Not der Schule besteht nicht so sehr und vor allem im Lehrermangel, in veralteten Methoden, in schlechter Organisation und verbauten Schulhäusern, als vielmehr in dem Versagen der Lehrer und Schüler gegenüber der heute angemessenen Bildung und ihrer Erfüllung."[43] – Und was die Kritiker der Schule vielleicht noch gar nicht bedacht haben: „Sollte es sich vielleicht nicht umgekehrt verhalten: Nicht die Schule versagt in ihren Intentionen und in ihrer Institution gegenüber ,der Gesellschaft', besser: gegenüber

---

[40] a. a. O. S. 406f.
[41] a. a. O. S. 406.
[42] a. a. O. S. 407.
[43] Schule der Zukunft. S. 88.

Schülern und Lehrern, sondern diese sind jener nicht gewachsen, versagen ihrer Intention und Institution gegenüber, versagen sich ihr, sind nicht imstande, sie zu tragen, zu verwirklichen, ihr zu entsprechen".[44]

Sollten sich in dieser „Rückfrage an die Schulkritiker" Ballauffs Bedenken bestätigen und u.a. eine „verschulte", die „autonome Schule" zur Folge haben, erhielte die Forderung ihrer Abschaffung ihre Berechtigung: Abolition der Schule, die das Missliche an sich behält, „daß sie weitgehend über den Kopf des einzelnen oder ganzer Gruppen hinweg Direktionen ausspricht, Wege, wenn auch neue, weist, alles besser weiß, wenn auch nicht nur gegenüber den Schülern, sondern vielleicht auch gegenüber der Gesellschaft [...]. Man muß jedoch die Menschen sich bilden lassen, nicht aber sie bilden oder gar ‚sozialisieren'." Das kann dann nur heißen: Abolition der Schule – Abschaffung der „autonomen Schule", „Entschulung der Gesellschaft".[45]

Nun gibt Ballauff auch diesem Gedanken eine andere Wendung:

> „Nicht Abolition, sondern Konversion der Schule, etwa im Sinne einer ‚Entschulung' der Schule! Könnte man nicht jene heute negativ beurteilten historischen Funktionen der Schule aufheben und an ihre Stelle andere treten lassen? Ist Schule nicht vielleicht sich selbst im Lauf der Geschichte entfremdet worden, so daß es einer Konversion bedarf, um ins Ursprüngliche zurückzufinden? Oder haben wir überhaupt noch nicht den Sinn der Schule einsehen gelernt, der in Zukunft an der Zeit ist, obwohl er bisher noch nicht verständlich geworden ist? Könnte Schule nicht ihre eigene Überwinderin werden?"[46]

„Bei aller berechtigten Kritik an ihr", sagt Ballauf, „ohne Schule geht es nicht."

Theodor Ballauff betont immer wieder die Notwendigkeit der Bildung. Der Terminus Bildung, schreibt er im Vorwort, „verbindet uns mit einer großen Tradition, die wir nicht leichtfertig drangeben oder durch andere ersetzen dürfen. Es gibt keinen ‚Ersatz'."

Die Fülle der von Ballauff in seiner Analyse ans Licht gebrachten Funktionen drängt es mir geradezu auf, – vielleicht etwas spielerisch – sie zum Schluss hin einmal zusammen zu zählen. Schon das Inhaltsverzeichnis zeigt die beachtliche Zahl von einunddreißig Funktionen. Mit ihnen stellen sich noch etwa genauso viele der sog. „konvenienten" Funktionen ein. Nehmen wir dazu noch die knapp zwanzig „konvertierten" Funktionen, dann ergibt sich die respektable Anzahl von nahezu achtzig schulischen Funktionen! – Ein erstaunliches Ergebnis, wenn man bedenkt, dass die meisten dieser Funktionen wohl unserem Bewusstsein verborgen bleiben – oder über seine Schwelle nicht hinaus kommen. (Helmut Fend z.B. belässt es in seiner *Theorie der Schule* bei drei konstitutiven Funktionen; in der *Theorie der Schule* von Hermann Oblinger findet man dann immerhin sieben Hauptaufgaben der Schule!)

---

[44] Funktionen der Schule. S. 406.
[45] a. a. O. S. 9f.
[46] a. a. O. S. 10.

Ballauff beklagt – sicher zu Recht – einen Mangel an pädagogischen Differentiationen, der so manche geschichtliche Einsicht verdeckt und auch vieles verstellt. Er schreibt:

„Auffällig ist, wie wenig pädagogische Differentiationen beachtet und bedacht werden. Es wird zwar von Bildungsorganisation und -politik, von Schule als Sozialisationsagentur und Disziplinierungsinstrument gesprochen. Die Differentiation von Sozialisation, Edukation, Information / Instruktion, Erudition / Bildung, Theoretisation / Pädagogik – um nur einige zu nennen – wird wieder eingeebnet. Der Kampf von zweieinhalbtausend Jahren um Bildung gegenüber Edukation, Qualifikation, Sozialisation kann nicht mehr zum Vorschein kommen oder gar mitvollzogen werden."[47]

Es dürfte daher nichts einzuwenden sein, wenn Jörg Ruhloff Ballauffs gedankenreiches Werk als „diejenige kritische Schultheorie mit dem längsten Atem"[48] wertet, und Jakob Muth zählt es zu den „zehn wichtigsten Publikationen der Nachkriegszeit."[49]

Bis jetzt habe ich – aus der „temporären Funktion" – einen Gedanken zurück gehalten, den ich abschließend anführen möchte, weil m. E. in ihm ein tiefer, so noch gar nicht bedachter Sinn der Schule zum Ausdruck kommt. Ballauff schreibt dort:

„In die Schule kann man nur einmal gehen. In dieser Einmaligkeit und Unwiederholbarkeit steckt auch die oft genannte Geschichtlichkeit der Schule, all das zu eröffnen, was später nicht mehr vom Erwachsenen zu durchwandern ist: Dichtung, Geschichte, Musik, Kunst, Biologie, Geographie, Philosophie, gerade nicht zuerst und zumeist Technik und Wirtschaft, Mathematik und Verkehrswesen. Damit wird jeder später sowieso sein Leben lang beschäftigt sein. Nicht daß diese Gebiete ausgeschlossen werden sollten – das dürfte aus dem bisher Gesagten klar geworden sein, aber mit Maß und ohne Übergewicht haben sie in Erscheinung zu treten. In der Schule gilt es zu ‚lernen', und zwar nicht, was man schon sowieso tut, sondern was um der Bildung willen mitgetan und durchgehalten werden muß. Daher keine Aufopferung der Schule für ein sogenanntes späteres Leben in Beruf und Gesellschaft, sondern erfüllte Gegenwart, die den jungen Menschen einmal ganz bei der Sache sein läßt, selbst auf die Gefahr hin, daß er damit eines Tages nichts ‚anzufangen' weiß, also kein Geld damit verdienen kann, und daß seine Tätigkeit nicht der Erhöhung des ‚Sozialproduktes' zugute kommt."[50]

Das Wichtigste, was man über die Schule sagen kann! –

---

[47] a. a. S. 6.
[48] J. Ruhloff: Zur Kritik der schultheoretischen Urteilskraft. (s. Anm. 17.) S. 475.
[49] J. Muth: Rezension des Buches von Theodor Ballauff: Funktionen der Schule. In: Zeitschr. f. Pädagogik 32 (1986). S. 586.
[50] Funktionen der Schule. S. 131.

VI. SPRECHER DER WAHRHEIT – THEODOR BALLAUFFS „WIEDER GEFUNDENER" LEHRER

Theodor Ballauff kam in seinen pädagogischen Gedankengängen in Zusammenhang mit Bildung, Schule, Didaktik immer wieder auf den Lehrer zu sprechen. In zwei Aufsätzen aus dem Jahre 1977 äußert er sich dezidiert zu den Aufgaben des Lehrers[1], und „auf der Suche nach dem verlorenen Lehrer" war er im Jahre 1985 in einer kleinen Schrift unter dem Titel *Lehrer sein einst und jetzt*[2], um die es im letzten Teil des Porträts gehen soll.

Dass in diesem Titel viele Fragen stecken können, erläutert Ballauff in der Einleitung. Ich hebe nur drei (von sechs) solcher „thematischer Fragen" hervor:

„Wenn wir nach dem ‚Lehrer' suchen, müssen wir doch wenigstens wissen, wer oder was damit gemeint ist. Wie kämen wir sonst auf eine solche ‚Untersuchung'?"

„Jener Titel kann aber auch voraussetzen, daß es schon einmal ‚Lehrer' gab, die ‚verloren' gegangen, verschwunden sind – also eine geschichtliche Voraussetzung."

[...]

„Die Suche kann aus der modernen Situation heraus entstanden sein, weil die heutigen ‚Definitionen des Lehrers negativ beurteilt werden und demgemäß ‚der Lehrer' wiedergefunden werden sollte."

[...]

Es kann aber auch sein – und dafür spricht die Lektüre des Textes – dass Theodor Ballauff die Aufgaben und Tätigkeiten des Lehrers aus der Mitte eines *pädagogischen* Gedankengangs heraus aufgewiesen hat, die ihn *als Lehrer* in den Blick bringen und ihn nicht zum Gärtner oder Bildner, Informator oder Qualifikateur, nicht zum Ausbilder oder noch in anderer Weise verfremden. In der pädagogischen Dimension des Lehrerberufs liegt für Ballauff die ausgezeichnete Aufgabe des Lehrers in unserer Zeit, wie er sie umschreibt: „der Lehrer Mittler zum Problem der Wahrheit und zum Wahren – nicht jedoch Vermittler von Wahrheiten."[3] Das ist der Grundgedanke, der aus der Geschichte der Pädagogik deutlich wird. Dem „einheimischen" Gedankengang zufolge kann der Lehrer sich nicht einfach nur als „Staatsbeamter" verstehen.

Mit den im Haupttitel zum Ausdruck gebrachten Zeitaspekten in den Begriffen „einst und jetzt" will Ballauff zeigen, dass er bei seiner Suche nach dem

---

[1] Konstitution und Deformation der Aufgaben des Lehrers. In: Aspekte und Probleme einer pädagogischen Handlungswissenschaft. Hrsg. von Dietrich Benner. Kastellaun 1977. S. 9-18; Vernachlässigte Funktionen des Lehrers. In: Der Lehrer und seine Organisationen. Hrsg. von Manfred Heinemann. Stuttgart 1977. S. 495-505.
[2] Lehrer sein einst und jetzt – Auf der Suche nach dem verlorenen Lehrer. Essen 1985.
[3] a. a. O. S. 76.

„verlorenen Lehrer" geschichtlich vorgeht. Was hieß Lehrer sein einst, in vergangenen Epochen? Und was heißt Lehrer sein jetzt, in der Gegenwart?

Wer etwas sucht, sucht es unter einer Vielheit des um ihn Bestehenden. Ballauff sucht den Lehrer unter den vielen geschichtlichen Interpretationen und Aussagen über „den Lehrer", den historischen Manifestationen des Lehrer-Schüler-Verhältnisses (pädagogisches Verhältnis), dem „Abhängigkeitsgefüge des Lehrerberufs", den „Professionalisierungs-Tendenzen", den Widersprüchlichkeiten im Interpretationshorizont der Lehrer. – Und er sucht ihn eben als Lehrer, denn in all den genannten Hinsichten muss der Lehrer, der diesen Namen verdient, noch gar nicht „aufgetaucht" sein.

Theodor Ballauff stellt im Schlussabschnitt seiner Schrift die These auf, dass in der historischen Rückschau auf die Tätigkeit des Lehrers „seine Indienststellung durch immer andere Instanzen und Mächte" vorherrscht. „Letztlich lehrte nicht er, sondern durch ihn die Schule, durch diese die Lenkenden, die Mächtigen – die Regierung, die Obrigkeit, die Kirche, die Partei – und durch diese wieder Gott, eine letzte, hintergründige Macht." Und Epochen hindurch immer das Eine: die Instrumentalisierung der Sachen und des Lehrers selbst. Das, was der Lehrer lehrt, der „Stoff", wird zum Mittel der Erziehung zu vorgegebenen „Zielen" und „Zwecken", zur Erfüllung gestellter Forderungen und Aufträge. „Der Lehrer selbst gerät in diesen instrumentellen Zirkel hinein."[4]

Der Lehrer als „Mittler sachlicher Einsicht um der Wahrheit willen"[5] muss also erst gefunden werden!

Es wäre gewiss unangebracht, das schmale – dazu noch rasch und leicht lesbare – Bändchen hier noch einmal, sozusagen „aus zweiter Hand" ins Bild zu setzen. Statt dessen werde ich mich auf mir bei der Lektüre des Textes vor Augen kommende „Lehrerbildnisse", die in der Tradition hervor traten, konzentrieren. Im Anschluss daran versuche ich, in groben Zügen, das „Gegenbild" zu skizzieren, wie Theodor Ballauff den Lehrer als Lehrer in den Blick bringt.

1. Traditionelle „Lehrerbildnisse"

Betrachtet man geschichtlich die Tätigkeit des Lehrers, so wird sie immer auch vom „Wesen der Bildung" durch die Epochen her verständlich. Das Folgende nicht mehr als eine hinführende Andeutung des geschichtlichen Horizontes:

Verstand die Antike unter Paideia die Zugehörigkeit des Menschen zum Wesentlichen des Seienden, zur Wahrheit, von Platon Ideen genannt, so ging es im Mittelalter um die bloße Beteiligung des Einzelnen an einem absoluten Bestand, wie ihn die Kirche hütete. Von Bildung zu reden im Sinne von Aneignung eines objektiven Wissensbestandes in Gedanken und Werken, ist streng genommen

---

[4] a. a. O. S. 72f.
[5] a. a. O. S. 76.

erst seit der Zeit des Humanismus möglich. Jetzt tritt vielmehr das Selbst, das Individuum auf den Plan und eignet sich in Reflexivität und Spontaneität dieses Ganze an. –

Von den Aussagen über „den Lehrer" lassen sich herausgreifen:

(1) der Lehrer als „Er-zieher" (oder: „Führer") zur Wahrheit;
(2) der Lehrer als „Sprecher der Heilswahrheit";
(3) der Lehrer als „Lehrer rechter Gesinnung";
(4) der Lehrer als „Vermittler" von Wissen und Können";
(5) der Lehrer als „Menschenbildner";
(6) der Lehrer als „Priester" (im „Heiligtum Schule");
(7) der Lehrer als „Haushalter Gottes" (im „Haus Gottes");
(8) der Lehrer als „Anwalt des Kindes";
(9) der Lehrer als „Vermittler von brauchbaren Kenntnissen und Fertigkeiten"
(10) der Lehrer als „Organisator von Unterrichts- und Lernprozessen";
(11) der Lehrer als „Lernberater" und „Lernhelfer".

Der platonische Lehrer ist der wahre „Erzieher"; er „zieht" den Schüler aus den Verkehrungen des Alltäglichen, der Welt des „Scheins" ins Reich der „Ideen", an den Ort der Wahrheit. „Er führt ihn den steilen Weg der paideia, der Bildung, zu der Einsicht in die Zusammenhänge des Ganzen, in welchem Lehrer und Schüler leben". Zu dieser Erkenntnis bietet der Lehrer Hilfen, überlässt die Schüler jedoch sich selbst, sobald sie zur Einsicht gelangt sind und „um die Wahrheit in Frage und Antwort wissen."[6] Bei Parmenides führt der „Lehrer" den jungen Menschen aus der Sphäre der Doxa, des bloßen Meinens und des Anscheins, in die Aletheia, zur Wahrheit, in der sich alles unverstellt zeigt. Der Lehrer *erzieht*, indem er den Schüler in die Selbständigkeit im Denken, in den Logos einbezieht.[7]

Der christlich-philosophische Dialog der Spätantike führt ein ganz anderes „Bild" des Lehrers vor Augen: der Lehrer als „Sprecher der Heilswahrheit", der die Fragen seiner Hörer und Gesprächspartner beantwortet. Ein echter Dialog kommt kaum noch zustande. „Die Dialogform ist nun nicht mehr Ausdruck des Kampfes um die Wahrheit, sondern dient der Vermittlung des Heils. Daher dringt die dem neuen Gehalt angemessene Form des Lehrvortrages in die Dialogform ein."[8]

Auch im Mittelalter bestimmte die „Sorge um das Heil" die Erziehung. Die Schulen dienen der christlich-frommen Erziehung der Priester und Mönche; die Bildung dient dem „Verständnis des Heils".[9]

---

[6] a. a. O. S. 13.
[7] a. a. O. S. 26.
[8] a. a. O. S. 28f.
[9] Pädagogik 1. S. 316.

In der Reformation ist es die Aufgabe des Lehrers, zur *sapiens et eloquens pietas* zu erziehen (Johannes Sturm 1507-1598), zu einer weisen und beredten Frömmigkeit. „Denn von nun an erwartet die Öffentlichkeit, erwartet der Staat, daß die Schule, die Lehrer die rechte Gesinnung lehren und einprägen, die ihnen selbst Grundlage und Umkreis ihrer Tätigkeit wurde."[10]

Kennzeichnend für die Pädagogik der „Aufklärungszeit" ist die Synthese von „Bildung und Brauchbarkeit". Johann Bernhard Basedow (1724-1790) sieht den „Hauptzweck der Erziehung" darin, „die Kinder zu einem gemeinnützigen, patriotischen und glückseligen Leben vorzubereiten"[11], jedes Kind zu einem „nützlichen Mitglied der Gesellschaft" werden zu lassen. Neben der „moralischen Erziehung" ist daher das individuelle „Wissen und Können" an der Zeit und Aufgabe der Schule.

Zu den Ansätzen, aus denen der Aufklärungspädagogik eine Gegnerschaft erwächst, gehört in geschichtlich bedeutsamer Weise der Neuhumanismus. Die *maßgebliche Aufgabe* ist jetzt die „reine Menschenbildung". Die Aufgabe des Lehrers als eines „Menschenbildners" kommt schon in den folgenden Worten Herders zum Ausdruck: „Eine Schule ist nicht bloß da, daß sie dem Staat tüchtige Bürger gebe; noch weniger bloß dazu da, daß sie der Akademie nicht ganz unwürdige Lehrlinge liefere, am wenigsten, daß sie als ein gelehrtes Institut glänze; sie ist da, daß sie aus Kindern und Jünglingen Menschen bilde."[12]

Über Jahrhunderte betrachtet: Vom 16. bis in das 19. Jahrhundert bleibt die religiöse bzw. die konfessionelle die vorherrschende Interpretation: die Schule ist eine „Tochter der Kirche", ein „Haus Gottes", ein „Kindertempel" – und der Lehrer „ein Haushalter Gottes", ein „Priester" in diesem Tempel.

Im 20. Jahrhundert hebt Ballauff das „pädagogische Verhältnis", den „erzieherischen Bezug" hervor, der seit Wilhelm Dilthey permanent als „Erziehungswirklichkeit" beschrieben worden ist. Für Herman Nohl ist der „pädagogische Bezug" – unter mehreren Merkmalen – „auf den einzelnen Jugendlichen gerichtet", „ein Verhältnis der Wechselwirkung", und er kann auch „nicht erzwungen werden". In dieser Theorie fungiert der Lehrer als „Anwalt des Kindes."

Ballauff nennt in diesem Zusammenhang auch Martin Buber. Bei ihm handelt es sich wesentlich um ein „dialogisches Verhältnis", die „Ich-Du-Beziehung", die weder anthropozentrisch noch subjektivistisch bestimmt ist.

> „Nicht der Erzieher aus eigener Selbstmächtigkeit ist es, der den Zögling an den Anspruch des Konkreten bindet, sondern das eigentümliche, eben das menschliche Stehen in Welt ist der transzendentale Horizont von Erziehung. Der Erzieher ist nicht mehr als Mittler; sein Unterricht hat dafür zu sorgen, daß die Welt selbst in ihren konkreten Gestalten ‚wirkend' wird und den Menschen mit all seinen Kenntnissen und Fertigkeiten aus der selbstsüchtigen Freiheit befreit und ihn in den Grund menschlichen Seins provoziert, der

---

[10] Lehrer sein einst und jetzt. S. 15.
[11] Pädagogik 2. S 342.
[12] Pädagogik 2. S. 426.

nicht im Menschen qua Subjekt, sondern in jenem ‚Zwischen' liegt, wo Interaktion und nicht Manipulation statt hat, wo auch die Welt wie ein ‚Subjekt', das etwas zu sagen hat, auftritt – und nicht nur als Objekt ‚von Gnaden' des Menschen."[13]

Die Wende von der dominierenden Lehrerzentrierung zu einer „Schülerzentrierung" in der zweiten Hälfte des Jahrhunderts erforderte – ganz im wörtlichen Sinne – eine Um-Stellung der Lehrer in ihren Tätigkeiten. Ballauff führt die ganze Skala der *analogischen Typisierungen* des Lehrers in der Moderne vor Augen: Die gängigste Umschreibung ist die des Vermittlers. Von den Theoretikern bedenkenlos verwandt, kommt sie auch dem Verständnis in Familie und Öffentlichkeit sehr nahe. „Der Lehrer ist der Makler zwischen dem ‚Bildungsgut' und den Schülern. Die Schüler eignen sich das Angebotene an oder verweigern die Annahme. Wir geraten in eine sonderbare kommerzielle Metaphysik, die wir im Alltag auf dem Markt voraussetzen, aber auch in der Schule?"

Unsere Zeit „hat sich der Metaphysik der Technik, des Menschen als herstellenden, aber auch herzustellenden Wesens verschrieben", die im „Bild" vom „Lehrer als Sozialingenieur, als Organisator von Lernprozessen, als Multiplikator und Informator" zum Ausdruck kommt.

„Damit verbindet sich die Kennzeichnung des Lehrers als Qualifikateur, der die lebenswichtigen Kenntnisse und Fertigkeiten ‚beibringt' und ‚ausbildet' – als Verteiler von Sozialchancen."

„Der politischen Metaphysik gehört die Bezeichnung des Lehrers als Sozialisationsagenten an, der die gewünschte Massenloyalität sichert und die Einordnung jedes Schülers ins Sozialgefüge."

Zu nennen wäre der Lehrer noch als „Rollenträger". „Lehrersein ist nur eine Rolle unter vielen, die er als ‚Person' zu spielen hat und die miteinander in Konflikt geraten können."[14]

Aus der „Rollentheorie", meint Ballauff an anderer Stelle, erfahren wir über die pädagogischen Aufgaben des Lehrers gar zu wenig. Er sagt es sehr deutlich: „Würden die Aufgaben des Lehrers klarer profiliert, öffentlich exponiert und von den Lehrern eindeutiger realisiert, dann würden die Lehrer auch ‚eine Rolle spielen'."[15]

Aus der Geschichte kennen wir all diese analogischen Typisierungen bis auf den heutigen Tag. Sie sind im „öffentlichen Bewusstsein" geläufig und weithin akzeptiert, sagen uns aber – wie Ballauff immer betont – nichts über das Einzigartige des Lehrerberufes. Dieses Einzigartige heraus zu finden, die Aufgaben des Lehrers aus *pädagogischem* Gedankenkreis aufzuweisen, die sich allerdings in keine einzige jener genannten Analogien und Metaphern fassen lassen, – das macht sich Theodor Ballauff zu seinem Anliegen

---

[13] Pädagogik 3. S. 572.
[14] Lehrer sein einst und jetzt. S. 74.
[15] a. a. O. S. 37.

2. Der Aufweis des Lehrerseins aus pädagogischem Gedankenkreis

„Müßte es nicht etwas geben", fragt Ballauff, „daß den Lehrer notwendig werden läßt, weil niemand anders seine Aufgabe übernimmt? Es muß doch eine Aufgabe geben, die ‚den Lehrer' abgrenzt und heraushebt aus dem Kreis aller anderen menschlichen Aufgaben. Sonst brauchten wir uns Lehrer und Schule nicht zu leisten."[16]

Ja, es gibt diese auszeichnende Aufgabe, die nur der Schule zukommt: *Freigabe zur Selbständigkeit im Denken*. – Das geht wieder nicht ohne Herausforderungen ab. Ballauff schreibt:

"Der Lehrer erhebt zur Theorie durch Einbezug in einen umfassenden Gedankenkreis: Nur das Bedachte, Erkannte wird gesehen, gehört usw.; nur durch Denken kommt etwas in all dem, was ihm wesentlich ist und wird, zum Vorschein. Das leistet nicht die Familie, nicht der Alltag, nicht unsere Geschäftigkeit. In ihnen ist so vieles durch Tradition und Emotion, Sozialisation und Ambition verhüllt und entstellt. Schule und Lehrer werden das Kennzeichen unseres geschichtlichen Weges zur Menschlichkeit; alles können wir ohne Schule ‚lernen', nur nicht Gedanklichkeit, Besonnenheit, Maß und Sinn."

Ballauff umschreibt den Grundgedanken, der sich auch aus der Geschichte der Pädagogik herleitet: *„Der Lehrer als Mittler sachlicher Einsicht um der Wahrheit willen"*.[17]

Die Auszeichnung dieser Aufgabe des Lehrers ist geradezu der Ausdruck der modernen Zeit gegenüber allen früheren. „Erst heute ist die Aufgabe des Lehrers so zu begründen, der Tradition verbunden bleibend, sie doch überschreitend."[18] Mittlersein zum Problem der Wahrheit und zum Wahren setzt Erudivität, einen „weitgespannten Interpretationshorizont" voraus, der umfangreiches Fachwissen „mit dem Tenor selbständiger gedanklicher Partizipation" umschließt.[19]

Unter den Erwartungen Ballauffs, die den heutigen Lehrer auszeichnen, hebe ich beispielhaft noch hervor:

„Humanität – Mitmenschlichkeit, die sich im Menschlichen, seinen Differenzen, seinen Emotionen, Affekten, Passionen auskennt, die um die Sorge- und Wunsch- bzw. Erwartungsstruktur unsres alltäglichen Lebens weiß". Menschlichkeit wird der Lehrer, „wenn er ein solcher ist", auch seinen Schülern „zumuten", nämlich „zu hören, nach-zudenken, auszusprechen, in einem Gedankengang auszuhalten";

„Intellektualität – Präferenz von Einsicht und Wissen für die eigene Lebensführung wie für die seiner Schüler; [...]

---

[16] a. a. O. S. 75.
[17] a. a. O. S. 76.
[18] a. a. O. S. 86.
[19] a. a. O. S. 84.

„Verantwortlichkeit – Antwort geben und Einstehen für den Unterricht unter der Voraussetzung der Relativität alles menschlichen Unternehmens, Bemühens, Versuchens."[20]

Ich versuche einmal, Theodor Ballauffs Verständnis des Lehrerseins in einer einfachen „Antithetik" zu veranschaulichen. Zur Verdeutlichung setze ich den gefundenen Kennzeichen die Negationen der Antithesen gegenüber. Der Lehrer als Mittler sachlicher Einsicht um der Wahrheit willen – das heißt demnach:

(1) *Einbezug* in einen umfassenden Gedankenkreis – und *nicht* „Entfaltung von Anlagen";
(2) *Erschließen* von Sachverhalten und menschlichen Verhältnissen – und *nicht* „Beibringen" im Sinne von Gabe, Aneignung und Habe;
(3) *Freigabe* zum Denken – und *nicht* Änderung „des Verhaltens";
(4) *Aufschließende Einweisung* ins Wissen vom Bestehenden – und *nicht* das Lehren „des Lernens";
(5) *Beispiel* sein für eine Lebensführung in bedachter Sachlichkeit und Mitmenschlichkeit – und *nicht* Vorbild im Sinne von Imitation und Identifikation;
(6) *Anleitung* zu durchdachtem Ermessen und zu „Selbstkritik" – und *nicht* Handhabung absoluter Maßstäbe, die Verwirklichung von „Werten".

Auf diese Unterschiede ist kurz einzugehen:

Zu (1): Bildung als Selbständigkeit im Denken – das besagt doch: In dieses Denken muss der junge Mensch, der Schüler einbezogen werden. Dies hebt die gängige „Begabungstheorie" auf. Bildung als „Entfaltung von Anlagen" – die übrigens weder Eltern noch Lehrer kennen – ist dann ebenso ausgeschlossen wie die moderne Theorie vom „Begaben". Der Schüler ist nicht mit dem Denken „begabt", der Lehrer kann nicht „begaben", sondern der Schüler wird ins Denken einbezogen, tritt in Gedankengänge ein. „Ob der Schüler ins Nachdenken und Weiterdenken gelangt, steht nicht in der Macht des Lehrers; Denken läßt sich weder beibringen noch herbeizwingen."[21] Den Schüler auf das Denken in Anspruch nehmen – das allerdings ist immer erneut zu versuchen.

Zu (2): Im Denken werden Sachen und Sachverhalte erschlossen als das, was sie sind. Der Unterricht, dem es um die Erschließung des Seienden in seiner Wahrheit geht, möchte – wie Ballauff provokant ausdrückt – die „kapitalistische Konzeption" der Bildung, das Haben und Bekommen, das Aneignen und Ermächtigen ausschließen. Der Schüler soll nicht so sehr etwas „aufnehmen" als vielmehr mitdenken – in einen Gedankengang hinein gelangen, den der Lehrer seinerseits durchläuft und das Eingesehene zur Sprache bringt.[22] Es sind die

---

[20] a. a. O. S. 84f.
[21] a. a. O. S. 80f.
[22] a. a. O. S. 78.

sachlichen und menschlichen Bereiche, die es in der Schule zu erschließen gilt. Der Jugendliche muß sie als Denker, als Sprecher und auch als Handelnder durchlaufen haben, um in einen Gedankenkreis hinein zu finden.[23] Ballauff spricht davon, dass es gelingen müsse, die „okkassionellen Vorstellungskreise", aus denen wir uns alle täglich verstehen und in denen wir uns eingerichtet haben, aufzubrechen und in „gemeinsam begründete Gedankenkreise" zu überführen.[24]

„Lehrer und Schüler bemühen sich um Einsicht und Wissen. Um dieses Hineinfinden in Gedanklichkeit geht es"; es geht nicht um mich als Person und Herrn, betont Ballauff immer wieder, sondern darum, auf dem gemeinsamen Gedankengang von Lehrer und Schüler „Sprecher und Vollbringer der Wahrheit" zu werden oder, wie Ballauff auch sagt, sie „werden durch ihn weder zu Subjekten noch zu Objekten, sondern zu Denkenden."[25]

Zu (3): Dazu schreibt Ballauff: „Nicht ‚das Verhalten' soll geändert werden" – und die Begründung ist plausibel: „Wenn wir es mit Menschen zu tun haben, dann kann es sich nur um die *Freigabe zum Denken* handeln."[26] An anderer Stelle heißt es: „Man sollte sich dagegen verwahren, daß Handeln, Schaffen und Nachdenken als ‚Verhaltensweisen des Menschen' dargestellt werden."[27] Ballauff tritt der modernen Lerntheorie entgegen, die immer noch von der These ausgeht, dass Erziehung und Lernen eine dauerhafte, wünschenswerte Verhaltensmodifikation, eine Änderung der „Dispositionen" beim Schüler bewirken sollen. Seine Kritik ist immer schon grundsätzlich: In dieser Theorie „wird der Mensch in allen seinen Tätigkeiten auf das Niveau eines allseitig bedingten und bloß reagierenden Lebewesens reduziert." „Soziales Verhalten" wird das Diktum der Zeit – der Maßstab für das gesamte Leben des Einzelnen. Nur: „Wo das Verhalten normiert und vorausschaubar gemacht wird, da haben wir es nicht mehr mit moderner Erziehung zu tun."[28] – „Sicher ist ‚Sozialisation' die Aufgabe der Schule und ihrer Lehrer, d. h. die Einführung und Eingliederung in die bestehende Gesellschaft", sie geschieht aber auch in allen anderen Lebensbereichen und durch viele andere Instanzen. Freigabe zur *Selbständigkeit im Denken* – diese sie auszeichnende Aufgabe bleibt vor allem der Schule vorbehalten.[29]

Der Unterricht des Lehrers verändert also nicht so sehr das „Verhalten" des Schülers und seine „Leistung" als vielmehr den Vorstellungs- bzw. Gedankenkreis, „unter dem wir sprechen und ans Werk gehen, von dem aus wir uns ins

---

[23] Skeptische Didaktik. S. 104.
[24] a. a. O. S. 45f.
[25] Lehrer sein einst und jetzt. S. 83.
[26] a. a. O. S. 82.
[27] Systematische Pädagogik. S. 78.
[28] a. a. O. S. 78.
[29] Lehrer sein einst und jetzt. S. 75f.

Ganze, in die Welt, finden und in ihm halten – nämlich erhalten und aufhalten, uns stellen und handeln."[30]

Zu (4): Etwa seit Wilhelm von Humboldt wird das Postulat vom „Lernen des Lernens" ständig wiederholt. Es geht dabei ja nicht um etwas Bestimmtes zu lernen, um das *Was* also, sondern um das Lernen selbst, um das *Wie* des Vorgehens, gleich an welchen Sachverhalten. Man wollte damit einem „Bildungsmaterialismus" begegnen, verfiel damit aber in einen didaktischen Formalismus, der alles Inhaltliche, das „zu Lernende" instrumentalisiert, zu einem bloßen Mittel degradiert.

Auf die Themen Lernen und Erschließen braucht hier nicht noch einmal näher eingegangen zu werden, in den vorstehenden Kapiteln (bes. Kap. IV und V) ist dazu schon einiges gesagt worden. Ich nehme den Unterschied, ja Gegensatz von aufschließender Einweisung und „Lernen lehren" hier in Hinsicht auf die Tätigkeit des Lehrers in den Blick. Theodor Ballauff hat diesen Gegensatz des öfteren deutlich zu machen versucht. Hier schreibt er: „Der Lehrer lehrt nicht ‚das Lernen', sondern um Sonne, Mond und Sterne, um Tiere und Pflanzen, um kosmische und menschliche Zusammenhänge zu wissen." – Das heißt: Aufschluss dieser Sachverhalte und ihre gedankliche Durchdringung im erschließenden Dialog. Dabei geht es – auf Seiten des Schülers – nicht so sehr um Lernen und um „Lerntechniken" als um Zuhören, Mitdenken und die entsprechende Antwort. „Nicht die Worte des Lehrers sind zu lernen, nicht vorbildliche Aktionen sind nachzuahmen, sondern dem Gehörten, dem Dargestellten nachzudenken und darüber den Sprechenden vergessen. Dann sind Lehrer und Schüler bei der Sache, nicht aber bei dem ‚Lehrer-Schüler-Verhältnis'." Für Ballauff ist das „Lehrer-Schüler-Verhältnis" gar nicht das Wesentliche; „der Lehrer ist vielmehr jemand, der in ein ‚Verhältnis zur Sache' gekommen, d. h. ins Denken gelangt ist und andere in dieses Verhältnis einzubeziehen vermag." Dies gelingt zwar nur, wenn beide „von sich absehen und bei der Sache" sind. „Entfällt diese Sachlichkeit, dann allerdings stellen sich ‚Verhältnisse' ein, in welchen Lehren und Lernen wohl kaum noch stattfinden."[31]

Die Schule als Institution der „Hinführung zur Wahrheit": nicht „Lernen" lehren, sondern Einleitung, Aufschluss, Einbezug führen zu ihr, – und das heißt bei Ballauff zur Bildung.

Zu (5): Seit es den Lehrer gibt, sollte er auch Vorbild sein für seine Schüler – wer könnte daran rütteln! Der Lehrer muss als Vorbild in Erscheinung treten, an dem sich der Schüler ausrichten, dem der Schüler nachfolgen kann; er bedarf der persönlichen Anleitung. Imitation und Identifikation werden als Antwort erwartet.

---

[30] Skeptische Didaktik. S. 57.
[31] Lehrer sein einst und jetzt. S. 82f.

Es braucht hier keine weitere Charakterisierung des Vorbildes zu folgen. Mir geht es lediglich um den Hinweis, dass mit Ballauffs „wieder gefundenem Lehrer" als Mittler sachlicher Einsicht um der Wahrheit willen auch die „Vorbild-Funktion" des Lehrers eine andere Version erhält: der Lehrer als *Beispiel*, weniger als Vorbild. Erziehung heißt ja für Ballauff: auf den Weg bringen, auf den Weg zur Wahrheit. „Erziehung als Geleit (nicht als Führung) und Unterricht als Ermöglichung des Denkens, indem die Dinge, Wesen und Mitmenschen in ihrem Sein erkannt und ermessen werden, ohne daß damit usurpatorische Verhältnisse aufgebaut werden"[32] – dies fordert zwar den Lehrer, allerdings nicht im Sinne des Vorbildes, sondern des Beispiels! Hier gibt es nichts nachzuahmen, sondern zu hören, mitzudenken, auf einem Gedankengang auszuhalten. Lehrer und Erzieher sind, wie Kant interpretiert, Beispiele für eine Lebensführung der Selbstlosigkeit, was für ihn nicht Ichlosigkeit bedeutet. Beispiel sein besagt: einstehen, verantwortlich sein, Rede und Antwort stehen, Beispiel für ein kritisches und verantwortendes Ich. „Das Beispiel zeigt, *daß* und das Vorbild zeigt *wie* etwas gelernt werden kann", so drückt Ballauff den für ihn wesentlichen Unterschied aus.

„Und der Nachahmer wird der Affe des Menschen, der die Aussetzung gedanklicher Selbständigkeit betreibt"[33] – dieses Verdikt ist an denjenigen gerichtet, der sich beharrlich an sein Vorbild klammert.

Zu (6): Bildung besagt ermessen können. – Auf diese knappe Formel lässt sich nach Theodor Ballauff eine Umschreibung von Menschlichkeit bringen. Erkennen und Ermessen zeigten sich schon in den vorstehenden Kapiteln (bes. Kap. II u. III) als Grundvollzüge des Denkens. Wenn ich Ermessen hier noch einmal aufgreife, dann wieder unter dem Gesichtspunkt der Tätigkeit des Lehrers. Ermessen „lehren" – das heißt: den Jugendlichen das Denken vollziehen zu lassen, vor allem *das* ermessen zu lehren, „dem *er* zugehört und das zu vollbringen *ihm* aufgegeben ist."[34] Es geht darum, das individuelle Maß finden zu lassen. Der Unterschied von Erkennen und Ermessen ist aufschlussreich, das hier Gemeinte klarer zu sehen. "Die Erkenntnis", schreibt Ballauff, „richtet sich auf das Unveränderliche, z. B. die kosmischen Zusammenhänge, und auf das Unabänderliche, z. B. die vergangenen Geschehnisse." Anders das Ermessen: Es geht um das Verhalten bzw. Handeln mit Blick auf das nächst Bevorstehende, es „geht auf das Fügbare und zu Verändernde."[35] Dies gilt es, ermessen zu lernen und – wenn auch indirekt – zu lehren. „Das ‚Fügen' muß gelernt werden. Es erwächst aus einem Ermessen, das niemals absolut und eindeutig zu sein beanspruchen kann. Daher läßt sich darüber streiten, ob das Bild an diese oder

---

[32] R. Winkel: Gespräche mit Pädagogen. Bildung – Erziehung – Schule. Weinheim u. Basel 1989. S. 24.
[33] a. a. S. 25.
[34] Systematische Pädagogik. S. 117.
[35] Skeptische Didaktik. S. 41.

jene Wand gehängt werden sollte."[36] Die Selbständigkeit des Lehrers in Ermessen, Bedenken, Entwerfen, das Denken in seiner Einzigartigkeit umfassend und übergreifend erkennen zu lassen und jedem Einzelnen Spielraum zu gewähren zu eigenem Ermessen – dies darf nicht durch vorschreibende und festlegende Planung vereitelt werden. „Nicht das gilt es, ermessen zu lehren, was der Schüler zu leisten vermag aus eigenen Kräften", also keine „Leistungsmessung", „sondern das, wozu er ‚vermocht wird', womit er begabt und wozu er berufen sein dürfte."[37] Der Lehrer lehrt auch keine Norm und keine festen Maßstäbe, die schon im Voraus ermessen haben, ebenso auch keine „Werte". Es geht vielmehr um besonnenes Ermessen; „dazu bedarf es der Erkenntnis dessen, was vorliegt, besteht, vor sich geht, und des Wissens um das bisher Ermessene, um Maße und Maßgaben, die unser Leben leiten und richten."[38]

Wir leben und denken im uns erschlossenen „Horizont des Möglichen" und von ihm her und erfahren ständig das „Noch-nicht" im Bestehenden, die „Armut des Wirklichen"; und „wir wissen um die Realisierbarkeit des Möglichen und suchen ihr nachzukommen, das Verwirklichte vom Möglichen her zu überschreiten"[39] oder, einmal so ausgedrückt, der Wirklichkeit den Reichtum des Möglichen zu ermessen, der ihr zuzukommen an der Zeit ist.

Daher steht der „gefundene Sinnhorizont"[40], von dem her die Aufgaben und Tätigkeiten des Lehrers ihr Maß erhalten, gleichsam als Wahrheitsanspruch unserer Lebenswelt, stets das „Bessere" zu ermessen und ins Werk zu setzen, denn – mit Theodor Ballauff gesprochen – „der Mensch ist das Wesen, das ‚den Dingen' auf den Kopf zusagen kann, was sie sind und sein können; er kann dementsprechend ermessen, was an der Zeit ist, mit ihnen vorzunehmen."[41] Jenes Maß „läßt sich nicht aus dem empirisch Vorfindlichen entnehmen, dies soll ja gerade beurteilt werden. Haben wir nicht jene interpretatorische Vorgaben, so können wir uns nur mit dem Bestehenden und Geschehenden abfinden." Den letzten Satz möchte man hervorheben: „Einen Kritiker müßten wir fragen, wie er auf seine Kritik käme; dann kann er nicht als Argument das Kritisierte selbst anführen; er soll ja sagen, wie alles anders und besser vor sich gehen könnte."[42]

Theodor Ballauff hat den „verlorenen Lehrer" gesucht und gewiss auch gefunden: Er ist *Mittler sachlicher Einsicht um der Wahrheit willen* – und nichts anderes. Abschließend noch einmal mit Ballauffs Worten und anders ausgedrückt:

---

[36] a. a. O. S. 42.
[37] Systematische Pädagogik. S. 141.
[38] Lehrer sein einst und jetzt. S. 83.
[39] a. a. O. S. 83.f.
[40] a. a. O. S. 92.
[41] a. a. O. S. 83.
[42] a. a. O. S. 92.

„Der Lehrer ist weder der Kamerad noch der Genosse, weder der Partner des Schülers noch der Stellvertreter der Eltern, weder der Staatsbeamte, der den Staat vertritt, noch der Ausbilder, Informator, Instrukteur des Schülers, nicht sein Freund, wenn auch sein Förderer, nicht sein Führer oder Vorbild, sondern – der Lehrer. Nur wo dieser er selbst ist, gibt es Schüler."[43]

---

[43] a. a. O. S. 85.

VII. EINWÄNDE

Wie nicht anders zu erwarten, hat Ballauffs Bildungstheorie seine Kritiker geradezu heraus gefordert. Von den Einwänden, die immer wieder erhoben worden sind, sollten drei der vielleicht hauptsächlichsten zum Schluss hin wenigstens erwähnt werden.

Ballauffs Pädagogik – so heißt es *erstens* – sei abstrakt und utopisch. Die gesellschaftlichen Zwänge seien so übermächtig, dass der Einzelne immer wieder auf seine Selbstdurchsetzung und –erhaltung zurück geworfen werde und ihm vieles verschlossen bleibe. Dieser Einwand ist – wenn man Ballauffs Pädagogik studiert hat – nicht haltbar, weil ja der Anspruch an den Menschen auf sachliche und mitmenschliche Verantwortung nicht „aus dem Himmel" oder aus irgendeiner wie auch immer gedachten „Idealwelt" an ihn ergeht, sondern von nirgends her als aus seiner *realen Lebenswelt,* was eben heißt, dass in ihr die menschlichen Angelegenheiten unserer Tage zu bessern und die Dinge und Verhältnisse in Ordnung zu bringen sind –, es ist daher nicht einzusehen, dass es sich da um eine lebensferne Pädagogik handeln sollte.

Ernster zu nehmen wäre vielleicht – ein *zweiter* Einwand – die Befürchtung des „Selbst"-Verlustes. Der Gedanke, dass ein Ich, ein Subjekt *sich* in der Menschlichkeit verbürgenden „Wahrheitsentsprechung" nicht *selbst* zum Ausdruck bringt, sondern sozusagen im Entsprechungs-Ereignis verschwindet, und dass das Selbst, streng nach Ballauff, anwesend nur im „Selbstsein des Seienden"[1] gedacht werden muss –, dieser Gedanke kann nicht das letzte Wort sein! Klaus Schaller, der bekanntlich in seinem pädagogischen Denken von Theodor Ballauff inspiriert worden ist, schreibt: „Trotz gegenteiliger Beteuerung kann Ballauff den Vorwurf nicht ganz zurückweisen, daß in seiner Konzeption – daß in jenem Einbezug ins Denken – das ‚Ich denke' zu kurz kommt. [...] Daß so manche menschliche Tat sich einem sich seiner selbst bewußten Ich und seiner Entschlossenheit verdankt, bleibt dabei unbeachtet."[2] Christiane Thompson stellt die Frage, ob „alle kritischen Errungenschaften einer ‚Selbständigkeit im Denken' nun doch noch für die Selbstlosigkeit *preisgegeben* werden."[3]

Dem gegenüber betont Ballauff des Öfteren, dass für ihn Selbstlosigkeit im Denken nicht Ichlosigkeit bedeute. Da schreibt er z. B.: „Sehr wohl [...] bin *ich* derjenige, der dem Denken sich überläßt und Antwort gibt. Sehr wohl bin *ich* es, der zu dieser Antwort steht, die sich mir in einsichtigem Gedankengang ergeben

---

[1] Systematische Pädagogik. S. 55f.
[2] K. Schaller: Pädagogik der Kommunikation. Annäherungen – Erprobungen. Sankt Augustin 1987. S. 27.
[3] Chr. Thompson: Bildung als Raum der Möglichkeiten. Zur Offenheit des Denkens bei Theodor Ballauff. In: Vierteljahrsschrift f. wiss. Pädagogik 80 (2004). S. 531.

hat; ich verantworte sie daher, aber gerade nicht als das, was ich gemacht oder bestimmt habe."[4]

Verantwortung der Wahrheit – das hat Theodor Ballauff gezeigt, ist nicht vom Ich, vom Subjekt her zu interpretieren. Sie fällt uns gewissermaßen aus dem „Geschehen", aus der Geschichte zu. Zugespitzt könnte man sagen: Verantwortung schafft sich erst ihre „Subjekte". Dann aber bin doch ich dieses Subjekt, das sich dem Anspruch auf Wahrheitsverantwortung stellt – oder aber sich ihm entzieht.

Ein *dritter* Einwand lässt sich etwa so formulieren: Erziehung und Unterricht haben eine teleologische Struktur, erweisen ihren Sinn in einer Zielsetzung: in dem Ziel der Bildung. Die Bildung ist also *Aufgabe* pädagogischer Praxis. Um ihrer Aufgabe nachzukommen, um ihr eigenes Handeln verantworten zu können, erfordert das verbindliche Maßstäbe und eindeutige Sinnzuweisungen. Dem kommt Theodor Ballauffs „skeptische Pädagogik" allerdings in die Quere, die keine feststehenden Maßstäbe und keine unbefragten Richtlinien, keine „absoluten Normen und Werte", keine Vorschriften und Verhaltensmuster und auch keine autoritären Letztbestimmungen anerkennt. Damit steht die Problematik: Pädagogische Skepsis auf der Theorieebene und eine „dogmatisch-normative Tendenz" in der Erziehungs- und Unterrichtspraxis scheinen sich einander auszuschließen. Der skeptische Systematiker und der zielstrebige Praktiker scheinen sich nichts oder wenig zu sagen zu haben – einmal im Bilde gesprochen: wenn der eine den Raum betritt, dann verlässt ihn der andere. Den „markanten Differenzpunkt" zwischen (skeptischer) Theorie und pädagogischer Praxis einmal mit Jörg Ruhloffs Worten:

> „Zur Regelart pädagogischen Denkens skeptischer Prägung gehört, daß es in einem definierten Sinne ‚regellos' vor sich geht, insofern nämlich, als es nicht auf ein vorab ins Auge gefaßtes Ergebnis fixiert ist. [...] Demgegenüber scheint pädagogische Praxis unumgänglich vorstellungs-, zielbestimmt und zweckmäßig vorgehen zu müssen, wenn anders überhaupt und unter situativen Bedingungen etwas intendiert, also zum Beispiel auf die und die Weise erzogen und unterrichtet wird."[5]

In Erziehung und Unterricht ist also – wenn sie gelingen sollen – um eine reflektierte Maßgeblichkeit nicht herum zu kommen. „Pädagogische Verantwortung", schreibt Klaus Schaller, „kommt ohne eine plausible Maßgabe nicht aus, von der her zu ermessen wäre, was pädagogisch zu tun oder besser zu lassen ist. [...] Ein Dogmatismus – sicherlich, doch unumgänglich."[6]

---

[4] Systematische Pädagogik. S. 132.
[5] Jörg Ruhloff: Skepsis – auch eine pädagogische Praxis? In: W. Fischer u. J. Ruhloff: Skepsis und Widerstreit. Neue Beiträge zur skeptisch-transzendentalkritischen Pädagogik. Sankt Augustin 1993. S. 30f.
[6] Klaus Schaller: Der Logos der Gemeinsamkeit. In: Pädagogische Skepsis. Hrsg. von D.J. Löwisch, J. Ruhloff, P. Vogel. Sankt Augustin 1988. S. 20.

Auch diesen Einwand kann Ballauff entkräften: Er hat mehr als einmal gezeigt, dass Maßgaben für pädagogisches Denken und Handeln unumgänglich sind. Maßgaben – allerdings keine Maßstäbe, die ein quantifizierbares Maß vorgeben, „das schon im voraus ermessen hat, und das wir nur noch ‚anzulegen' brauchen; Maßgaben geben uns ein Maß voraus, das es uns auferlegt, in seinem Rahmen selbständig zu ermessen."[7] Selbständiges ermessen schließt Normen und Richtlinien nicht aus; nur müssen sie dem skeptisch-prüfenden Denken unterstellt und hinterfragt werden, ob sie, etwa in Gestalt des Unterrichts, wie Ballauff sagen würde, „bei der Sache sein" lassen, d. h. ob sie die Freigabe der Sache auf sie selbst hin – durch Schüler wie Lehrer – ermöglichen oder dies gerade vereiteln, z. B. durch Aneignung der Sache durch den Schüler zu seiner „Selbstverwirklichung". Die Problematik kann vielleicht mit den folgenden Gedanken Theodor Ballauffs auf den Punkt gebracht werden:

> „Wenn wir niemanden mehr auf sein ganzes Leben vorbereiten können, wenn wir niemanden mehr mit Kenntnissen und Fertigkeiten für sein ganzes Leben ausstatten können, wenn wir niemandem mehr „Normen und Werte" als fraglose Richtlinien und Maßstäbe an die Hand geben können, dann kann es im Unterrichten nur noch darum gehen, jene Selbständigkeit im Denken und jene selbstlose Verantwortlichkeit zu ermöglichen."[8]

---

[7] Pädagogik als Bildungslehre. S. 90.
[8] Beiträge zu einer skeptischen Pädagogik (kritischen Bildungslehre). S. 100.

VIII. BEMERKUNGEN ZUR REZEPTION

„Die Zeichen für eine intensivere Beschäftigung mit Ballauff in der Zukunft scheinen gut zu stehen, denn sein Name wird in Heinz-Elmar Tenorths jüngstem Aufsatz mit dem Titel ‚Bildung' – *Thematisierungsformen und Bedeutung in der Erziehungswissenschaft* im Abschnitt über die aktuelle Bildungstheorie gleich mehrfach genannt".[1]
Geschrieben im Jahre 1998. Und auch im Jahre 2004 gilt Theodor Ballauff den Herausgebern einer Quellensammlung – so im Kurztext zum Buch – als „einer der fruchtbarsten und vielseitigsten Gelehrten im deutschen Sprachraum des 20. Jahrhunderts".[2] Er hat, um noch Jakob Muth anzuführen, „in einer in unserem Jahrhundert seltenen Konsequenz ein Lebenswerk vorgelegt, das der Pädagogik neue Sichtweisen erschließen konnte."[3] Um so verwunderlicher ist es daher, dass die Aufnahme und Wirkung von Ballauffs Bildungstheorie nur in Einzelfällen dem gedanklichen Reichtum und der Differenziertheit seiner Veröffentlichungen entspricht. Es mag eine Vermutung bleiben, „dass die Auseinandersetzung mit Ballauffs Konzept deswegen nicht zustande kommt, weil sie als (versteckte) Heidegger-Apologetik gesehen wird, bzw. als ein Ansatz, der nur in (negativer) Abhängigkeit zu einer philosophischen Richtung, nämlich der Heideggerschen, existiert." (Christiane Thompson in einem Brief an den Verfasser.) Es liegt zum einen jedenfalls nahe, dass man sich für Ballauffs Werk, das – was bis zur ersten Auflage seiner *Systematischen Pädagogik* jedenfalls zutrifft – von Heidegger her lesbar ist, den Blick versperrte für seine *eigenständigen historischen* und *systematischen Gedankengänge* in seinen späteren Schriften.[4]
Zum anderen wurde Ballauff vorgehalten, seine Sprache sei gelegentlich antikommunikativ, weil seine Texte voll von Latinismen und Gräzismen seien.[5] Das ist wohl zutreffend. Dennoch: Kaum ein Begriff bleibt in seinen Texten unerläutert. Wenn Ballauff ein Fremdwort gebraucht, ist es angebracht und drückt das

---

[1] Andreas Poenitsch: Kontinuität der Bildung – Zur Neuauflage von Theodor Ballauffs Pädagogik als Bildungslehre. – In: Vierteljahrsschrift f. wiss. Pädagogik 74 (1998). S. 235.
[2] Theodor Ballauff – Pädagogik der „selbstlosen Verantwortung der Wahrheit". Hrsg. von Andreas Poenitsch und Jörg Ruhloff. Weinheim u. München 2004. (Pädagogische Klassiker des 20. Jahrhunderts.)
[3] Jakob Muth: Veränderte Terminologie als Ausdruck eines anderen pädagogischen Denkens. In: Pädagogische Einsätze 1991. Festschrift für Theodor Ballauff zum achzigsten Geburtstag. Hrsg. von Jörg Ruhloff und Klaus Schaller. Sankt Augustin 1991. S. 105-119.
[4] Zu der hier nicht weiter zu verfolgenden Heidegger-Exegese, vor allem des „frühen" Ballauff siehe u.a. bei Andreas Poenitsch: Kontinuität der Bildung. S. 235-245; Chr. Thompson: Selbständigkeit im Denken. Der philosophische Ort der Bildungslehre Theodor Ballauffs. Opladen 2003. S. 230-232. (Schriftenreihe der Kommission „Bildungs- und Erziehungsphilosophie" der DgfE.)
[5] Dieser Vorwurf findet sich bei Rainer Winkel: Gespräche mit Pädagogen. S. 28. (s. Kap. VI, Anm. 32.)

Gemeinte – bei ihm nicht selten das Ungewöhnliche – umfassender, differenzierter aus als das geläufige deutsche Wort.

Ein Beispiel dafür, wie Ballauff einen komplexen Sachverhalt einfach ausdrücken kann, ist in einer seiner Aufzeichnungen aus den letzten Lebensjahren zu finden. Dort verdeutlicht er den Gedanken der „selbstlosen Verantwortung der Wahrheit" einmal in folgender Weise:

„,Selbstlose Verantwortung der Wahrheit'? Also ehrlich gestanden, darunter kann ich mir gar nichts ‚vorstellen', und auch gedanklich ist eine solche Formulierung zu sehr vom Alltag abgelöst und ihm fern.

Als Entgegnung behaupte ich, daß wir im Alltag sehr wohl wissen, was gemeint ist.

Wir brauchen bloß täglich die Zeitung zu lesen. Wir erfahren aus ihr sowohl vom Gegenteil dieser Formulierung als auch von ihrer ‚Entsprechung'. Wir wissen sehr genau, daß das Anzünden von Wäldern und Häusern nicht deren ‚Wahrheit', nämlich Lebewesen oder Leben erhaltende Kunstwerke zu sein, entspricht, ebenso daß das Neugeborene nicht in die Mülltonne geworfen werden sollte.

Intention und Organisation der Unicef finden weithin Anerkennung und Unterstützung. [...]

Wir wenden uns gegen die Folter, weil sie den Menschen auf brutale Weise ihre ‚Würde' nimmt, die Menschen nicht mehr sie selbst sein läßt.

Wir wenden uns gegen alle, die die Dinge benutzen, um sich einen Vorteil zu verschaffen, ohne Rücksicht auf die Schädigung nicht nur anderer Menschen, sondern der Dinge selbst.

Wir wissen auch um den ‚Mißbrauch' und kennzeichnen ihn als solchen. Ebenso bemühen sich viele Menschen, Leben und Gedeihen von Menschen und Wesen in ihre Verantwortung zu nehmen, ja den Kosmos davor zu bewahren, daß er wieder ‚Chaos' wird.

Tief enttäuscht sind wir, wenn dann doch herauskommt, wieviel ‚Selbstsucht' sich hinter dieser oder jener ‚Intention' oder ‚Institution' verbarg."[6]

Für Klaus Schaller war es dies, was ihn an Theodor Ballauff fasziniert hat und noch fasziniert,

„daß hier keine affirmative Pädagogik vorgetragen wird, die die Gegebenheiten der Welt so beläßt, wie sie sind (Sein heißt ja nicht Bleiben, sondern zeitweilig Anwesen; und [dem] Sein entsprechen heißt ja gerade nicht bei dem Gegebenen verharren; vielmehr in dieser Welt neue, humanere Möglichkeiten an den Tag bringen), sondern die auf Veränderung, Verbesserung, auf mehr Menschlichkeit setzt, die aber ebenso weiß, wie besonnen dabei zu Werke gegangen werden muß. ‚Einbezug ins Denken', so heißt es bei Ballauff etwa, damit Revolution und Reform nicht in Subjektivismus und Relativismus, in Egoismus und Altruismus, in Dezisionismus und Liberalismus verkümmern!"[7]

Die Herausgeber der dritten Auflage von Theodor Ballauffs *Pädagogik als Bildungslehre* schreiben am Schluss ihrer Einführung, dass dieses Werk – das

---

[6] Theodor Ballauff – Pädagogik der „selbstlosen Verantwortung der Wahrheit". S. 10. (Dort die Quellenangabe.)
[7] Klaus Schaller: Pädagogik der Kommunikation. Annäherungen – Erprobungen. Sankt Augustin 1987. S. 26.

gilt gewiss auch für so manches andere von ihm – nicht so sehr der Interpretation bedürfe als vielmehr des aufmerksamen Studiums. Dieser Sicht kann ich mich anschließen. Zum Schluss des Porträts zitiere ich deshalb auch noch ihre Begründung:

„Seine Sprache ist durchwegs schlicht. Die gelegentlich ungewöhnlichen Fremdwörter werden zumeist aus den ihnen zugesellten deutschen Umschreibungen klar. Zur dritten Auflage hat Ballauff zudem ein Fremdwörterverzeichnis beigegeben. Der Sinn von Kunstwörtern – nicht wenige darunter sind Ballauffs Neufindungen und kommen in Fachlexika nicht vor – ist der, den Gedanken zu einem präzise differenzierten Ausdruck zu verhelfen und die Mitdenkenden von den Vorstellungsfesseln zu lösen, die die umgangssprachlichen Bedeutungsaufladungen vieler Begriffe mit sich führen. Gelingt es, bei der Lektüre diese Hürde zu überwinden, dann gerät man in eine pädagogische Gedankenwelt, die zentrale Gegenwartsprobleme anspricht und die zusammenfassend als ein pädagogisches Konzept *der radikalen, d. h. einer zu Ende gedachten Moderne bezeichnet werden könnte.*"[8]

---

[8] Pädagogik als Bildungslehre. 3. Aufl. S. 7.

ANHANG

KONSTRUKTIONSPRINZIPIEN PÄDAGOGISCHER SYSTEMATIK
Eine schematische Gegenüberstellung

Theodor Ballauffs pädagogische Systematik lässt sich – zur leichteren Auffindung der kritischen Thesen und ihrer Antithesen – grob vereinfacht in einem Schema veranschaulichen:

Thematik	Infragestellung:	Antithese:
Die Kritik an der geläufigen „Anthropologie"	Der Ausgang vom *Menschen*	Die Frage nach der *Menschlichkeit*
Die „primäre Fundamentalideologie des Menschen"	Bildung als *Selbstverwirklichung*	Der Mensch in *sachlicher Inanspruchnahme*
Die subjektivistische Bildsamkeitsthese	*Bildsamkeit* als Möglichkeit des Erziehungsprozesses	*Ansprechbarkeit* statt Bildsamkeit
Die Teleologieproblematik	Bildung als *stetiger Vorgang* und *Ergebnis*	Bildung als *unstetiges Vorkommnis* und *Ereignis*
Die Instrumentalisierungsthese	Dinge und Mitmenschen als *Bildungsmedium* des Menschen	Sachliche und mitmenschliche *Selbstgewährung*
Die Selbstverfremdung des Denkens als „Vorstellen"	Denken als *Vorstellungskreis*	Denken als *selbstlose Verantwortung der Wahrheit*

Thematik	Infragestellung	Antithese
Die Gesinnungsbildung	*Sittlichkeit* als absolute „Verpflichtung" des Willens auf das Gesetz	Pädagogik der *kosmischen Verantwortung*
Der Prozess- und Entwicklungsgedanke	Der biologische Begriff der *Entwicklung*	Erziehung als *Verwicklungsprozess*
Das Potentialitätsaxiom	Begabung im Sinne von *Veranlagung*	„Begabung" als *Anspruchs-* und *Aufgabenbereich* des Menschen
Das schulische Lernen	Lernen als *Aneignung* (eines Wissensbestandes)	*Denken* statt Lernen
Prinzip der „Kindgemäßheit"	Das „Grundaxiom" der Bildung: *Kindgemäßheit* der Sache	*Sachgemäßheit* des Kindes
Das Prinzip der Sachlichkeit	Sachlichkeit als *Objektivität*	Sachlichkeit als *Freigabe*

DIE PÄDAGOGIK DER SELBSTLOSIGKEIT
ODER: LIEGT DIE WAHRHEIT BEI DEN KETZERN?*

Rainer Winkel im Gespräch mit Theodor Ballauff

> „Im Gespräch geht es um die Suche der Wahrheit, im Vortrag um die Aussage gefundener Wahrheit. Im Durchsprechen wird das Seiende in seine Wahrheit versammelt."
>
> (Theodor Ballauff: Skeptische Didaktik. S. 53.)

Was war und was ist Bildung?

R.W.: *Unsere erste Frage, lieber Herr Ballauff, die Frage nach der geschichtlichen Dimension von Bildung, kann nur beginnen mit einer Analyse der Verse 514-518 im 7. Buch von Platons Staat: gemeint ist das berühmte Höhlengleichnis. Dort findet sich der Satz:„Die Jugendbildung ist nicht von der Art, wofür sie einige Lehrer von Profession ausgeben." Was also verstand Platon unter Bildung?*

Ballauff: Bildung bei Platon, aber auch schon bei den Vorsokratikern, beinhaltet zunächst einmal ein kritisches Element: sie steht im Gegensatz zu dem, was wir heute mit Sozialisation umschreiben. Bildung ist das Selbstbewußtsein der Sozialisation, ihre Überschreitung also und meint gerade nicht eine Eingliederung in, sondern eine Herauslösung aus dem Kordon unserer alltäglichen Lebensführungen. Sie ermöglicht eine neue Sicht der Dinge, indem sie die Wirklichkeit kritisch betrachten hilft.

R.W.: *Nun werden im Höhlengleichnis nicht nur Elemente der Bildung genannt, sondern auch ihre Prozesse versinnbildlicht.*

Ballauff: Ja. Die Menschen in diesem Gleichnis leben in einer Höhle, sind gefesselt, so daß sie sich nicht bewegen können, obgleich sie das Gegenteil glauben. Auf einer Rückwand nun sehen diese Menschen alle möglichen Schatten vorbeiziehen, die als Abbildungen am Eingang der Höhle vorbeigetragen und durch ein Feuer als Schatten auf eben diese Rückwand projiziert werden. Darüber wird in der Höhle viel diskutiert, vermutet und behauptet, und wer sich am besten auskennt, ist der Meinungsführer. Nun leben all diese Menschen in der Illusion, die Schattenbilder seien wirkliche Gestalten, Gefäße, Formen und Far-

---
* Aus: Rainer Winkel: Gespräche mit Pädagogen. Bildung – Erziehung – Schule. Weinheim und Basel 1989. S. 19-28. Hier aufgenommen mit Erlaubnis des Autors.

ben, ja sie wissen gar nicht, daß sie sich in einer Höhle befinden. Erst als jemand von seinen Fesseln befreit und herausgeführt wird, sieht er die wahren Verhältnisse, also die außerhalb der Höhle sich befindende eigentliche Welt: die Sonne, die Tiere, die Dinge usw., von denen er bisher allenfalls Schatten gesehen hat. Aber der Weg aus der Höhle ist so beschwerlich, daß der erste Befreiungsversuch scheitert: Der Betreffende macht sich davon „frei", rennt in die Höhle zurück und beklagt sich über diesen „Zwang". Erst der zweite Versuch gelingt. Der so Befreite *sieht* nicht etwas anderes, aber: er lernt alles *anders* sehen.

R. W.: *Nun haben Sie schon in Ihrer ersten Schrift Merkmale dieser Bildungstheorie benannt – insgesamt vierzehn. Auf zwei würde ich gern zu sprechen kommen. Platons Paideia hat nichts mit der heute so vielfach beschworenen Lust und Laune zu tun, ihr haftet im Gegenteil etwas „Zwanghaftes" an.*

Ballauff: Vielleicht ist der Begriff des Zwanghaften allzu negativ und irreführend. Es geht um Zweierlei: Man muß auf dem Weg der Bildung vielem entsagen und den kurzfristigen Bedürfnisbefriedigungen äußerst kritisch gegenüberstehen. Der Zwang besteht nicht darin, mit der Peitsche getrieben zu werden, sondern: auf Vordergründiges, Bequemes und Falsches zu verzichten. Zum anderen signalisiert die Passivität des Befreitwerdens dies: Erkenntnisse kann man nicht herbeizwingen, ja: ich kann auch niemandem etwas „beibringen", sondern Wissen, Einsichten und Erkenntnisse können mir allenfalls zuteilwerden. Nicht *ich* verfüge über das Denken, sondern das Denken ergreift *mich*, so daß sich mir allenfalls im Denken etwas erschließt.

R. W.: *Was sich in dieser Bildungstheorie vor über 2000 Jahren artikulierte, ist heute vielenorts in Vergessenheit geraten. Ich meine das Merkmal der Zumutung, ohne die sich Bildung offensichtlich gar nicht vollziehen kann. Das Gegenteil wird heute eher beschworen: Erleichterung, Bequemlichkeit, Vordergründigkeit – Lust in der Sprache der Zeit.*

Ballauff: Und zwar eine sehr oberflächliche „Lust". Denn die wahre Lust (als Glück und Freude) eröffnet sich doch erst demjenigen, der hinter die schattenhaften Gebilde, hinter das Gerede und Gehabe geschaut hat.

R. W.: *Ein zweites Merkmal der Platonischen Paideia bezieht sich nicht auf ein gewisses asketisches Moment im Bildungsprozeß, sondern weist auf einen Grundzug des Daseins hin: Auf der einen Seite Alltäglichkeit, Meinung, Gerede, Schein, Blendwerk, Vorurteil, die Doxa eben. Auf der anderen Seite das wahre Sein, die Wirklichkeit, die Idee, Aletheia in der Sprache der Antike.*

Ballauff: Dahinter steht nicht unbedingt eine Zweiteilung der Welt, sondern die Ansicht, daß alles, was ich zu sehen bekomme, stets auf einen noetischen Zusammenhang, einen gedanklichen Kontext hin betrachtet sein will. Erst dadurch treten die wesentlichen Merkmale der Dinge, Wesen und Gedanken zutage. Und natürlich ist ein solches Bemühen anstrengend, ja es bringt mich unter Umständen in Auseinandersetzung mit denen, die immer schon alles zu wissen meinen, also nicht wollen, daß sich da einer auf den Weg macht, sondern lieber in der Wärme und im Dunst der Höhle sitzen bleibt. In diesem Sinne ist Bildung schon immer (auch) verneint worden.

R. W.: *So neu sind sie also nicht, die Antipädagogen ...*

Ballauff: ... und Versuche, Erziehung und Bildung abzuschaffen, wird es immer wieder geben – vor allen in Zeiten der Ratlosigkeit.

R. W.: *Nun haben Sie Ihre Beschäftigung mit der Geschichte der Pädagogik stets damit begründet, daß ohne solch ein retrospektives Bewußtsein gar keine systematische Pädagogik entwickelt werden kann, die nun freilich mehr Aussagen nötig hat als die im Anschluß an Platon gefundenen. Gehen wir also weiter zur Pädagogik der Stoa, bei der Sie drei Gedanken herausgearbeitet haben: der Gedanke der Zuwendung, der natürlichen Erziehung sowie der Diastrophe, der menschlichen Verkehrtheit.*

Ballauff: Hier käme es darauf an, die Fragwürdigkeiten zu begreifen. Was heißt „natürliche" Erziehung in einer Welt, in der es Natur im vollen Wortsinn doch gar nicht mehr gibt? Was bedeutet „Zuwendung und Aneignung" in einer Zeit, in der uns gerade das Habenwollen an schlimme Abgründe geführt hat? Warum verhalten sich die Menschen „verkehrt", zumindest anders als es uns allen gut täte? Auf all diese Fragen und eventuellen Antworten kommt man eben erst durch die Beschäftigung mit der Geschichte von Pädagogik. Auch die uns heute so bedrängende Frage, was wir angesichts der Bedrohungen tun können und sollen, ist mit einem naiven Gegenwartsbezug allein nicht zu beantworten.

R. W.: *Eine Epoche in der Menschheitsgeschichte fungiert für Sie quasi als Negativbeispiel: So lassen sich die Probleme eben nicht lösen – wie es sich die Menschen im Humanismus bzw. Neuhumanismus gedacht haben. Warum nicht?*

Ballauff: Im mystischen Denken – und auch schon bei *Philon von Alexandria* – findet sich der für meine Pädagogik zentrale Gedanke: Dieses Loskommen-von-sich-selbst, dieses gerade nicht auf den selbstmächtigen Willen setzende Bemühen, sondern die Dinge und Menschen sein-lassende Moment. Ganz anders argumentiert die Neuzeit. Schon in der *Leibniz*schen Monadenlehre wird dem einzelnen Ich des Menschen die Potenz zugesprochen, die zur Lösung der Probleme erforderlich ist. Das angemaßte Selbst wird die Leitfigur der Moderne, eine Art Besessen-sein-von-sich-selbst die neue Predigt.

R. W.: *In der berühmten Rede des Pico della Mirandola läßt dieser Philosoph des 15. Jahrhunderts Gott-Vater zum Menschen die Worte sagen: „Wir haben dich ... geschaffen, damit du als dein eigener, vollkommen frei und ehrenhalber schaltender Bildhauer und Dichter dir selbst die Form bestimmst, in der du zu leben wünschst."*

Ballauff: Solche und ähnliche Zitate demonstrieren deutlich das Gemeinte: Der Mensch erklärt sich zum Maß der Dinge, seinen Willen für handlungsleitend, sein Ich für autark. Und die gesamte abendländische Neuzeit ist dieser Bildungstheorie aufgesessen. Im Neuhumanismus etwa eines *Wilhelm von Humboldt* gipfelt sie in der Formel: mit Hilfe der Totalität der Bildungsgüter, die es sich anzueignen gilt, soll meine Individualität gebildet werden. In diesem Programm sind Reflexivität, Aneignung und Willensschulung eine unheilvolle Allianz eingegangen ...

R. W.: *... bis hin zu jenem imperialistischen Gehabe, das nicht nur die Politik Europas und Amerikas geprägt hat, sondern auch unsere Kinderstuben und Fabriken, unsere Schulen und Gerichtshöfe – sicherlich nicht mit dem Segen Humboldts.*

Ballauff: Bildung wurde zum Besitz erklärt, kapitalisier- und akkumulierbar, zur Ideologie des Macht-haben-wollens. In diesem Dilemma stecken wir noch heute.

R. W.: *Trotz aller Aporien gibt es natürlich auch eine Tradition, die quer zu diesen subjektivistischen Theorien steht. Gegen Leibniz steht Comenius, gegen Humboldt Pestalozzi, gegen Neill Martin Buber – gegen manch' offizielle Pädagogik Theodor Ballauff.*

Ballauff: Ich versuche nur, zwei entgegengesetzte Grundkonzepte von Bildung gegeneinander zu stellen und das eine durch das andere kritisierbar zu machen. Auf dem Wege der Selbstverhaftung jedenfalls wird Bildung verfehlt, kommt die Welt nicht in Ordnung. Solange der einzelne nicht lernt, sein Selbst loszulassen und die Dinge, Lebewesen, Mitmenschen und Verhältnisse auf ihr mögliches Sein freizugeben, schaffen wir immer neue Dilemmata.

R. W.: *Vielleicht erinnern wir an die Wortpaare, die Sie im Laufe Ihres Schaffens zur Erläuterung dieser ketzerischen Pädagogik geprägt haben.*

Ballauff: Der Mensch als „Sachwalter und Mitmensch"; die „Selbstlose Verantwortung der Wahrheit"; „Inspruchnahme und Entsprechung"; „Infragestellung und Verantwortung" ... all diese Begriffe wollen nicht sagen, daß ich selbst nichts bin, sondern darauf hinweisen, daß ich in Worten, Werken und Taten für das Sein aufzukommen habe, ohne daß die Dinge, die Lebewesen oder die Verhältnisse mein Eigentum werden.

R. W.: *Das erinnert an Heidegger und seine Formel vom Menschen als dem „Hüter des Seins" oder an Erich Fromms Chiffre von der „Existenzweise des Seins anstelle des Habens".*

Ballauff: Natürlich, denn es kommt darauf an, über das Einsehen und Erkennen zum Ermessen zu gelangen, das keine Verfügung, sondern Freigabe bedeutet.

Was war und was ist Schule?

R. W.: *Wie und wo aber kann eine solche Bildung ermöglicht werden?*

Ballauff: Nun, bei aller berechtigten Kritik an ihr: ohne Schule geht es nicht.

R. W.: *In der „Skeptischen Didaktik" von 1970 heißt es lapidar: „Der Unterricht geschieht um der Bildung willen." Wie das?*

Ballauff: Erziehung als Geleit (nicht als Führung) und Unterricht als Ermöglichung des Denkens, indem die Dinge, Wesen und Mitmenschen in ihrem Sein erkannt und ermessen werden, ohne daß damit usurpatorische Verhältnisse aufgebaut werden, könnte die Formel lauten und damit Ihre Frage beantworten.

R. W.: *Als was fungiert dabei der Lehrer?*

Ballauff: Nicht als Vorbild, eher als Beispiel. Das Beispiel zeigt, *daß* und das Vorbild zeigt *wie* etwas gelernt werden kann. Und der Nachahmer wird der Affe des Menschen, der die Aussetzung gedanklicher Selbständigkeit betreibt. Lehrer und Erzieher sind im Sinne *Kants* Beispiele für Lebensführungen der Selbstlosigkeit, was nicht Ichlosigkeit bedeutet. Ich muß schon da-bleiben, verantwortlich-sein, Rede und Antwort stehen. Nicht Selbstdurchsetzung lautet das Stichwort, sondern: Beispiel-sein für ein kritisches und verantwortliches Ich. Von daher beobachte ich auch mit großer Sorge etwa den Psychoboom in weiten Teilen der Erzieherschaft, der einem bedenklichen Kult der Selbstbedürfnisse frönt, oder auch jene zeitgenössischen Strömungen, die aus Kindern Narzißten machen.

R. W.: *Diese vehemente Absage an manch modernes Gehabe macht Sie unter Umständen für scheinbar weit entfernte Ansichten ausgesprochen interessant. Ich denke an die Alternativbewegungen, an die Friedensgruppen oder auch jene pädagogischen Bemühungen, die Schule nicht als Reformruine verkommen lassen wollen. In der mit besonderem Temperament geschriebenen Schrift „Schule der Zukunft" schreiben Sie auf S. 88: „Die Not der Schule besteht nicht so sehr und vor allem im Lehrermangel, in veralteten Methoden, in schlechter Organisation und verbauten Schulhäusern, als vielmehr im Versagen der Lehrer und Schüler gegenüber der heute angemessenen Bildung und ihrer Erfüllung."*

Ballauff: Schule, die sich nicht um Bildung bemüht, betreibt den Meuchelmord der Schule. Der Mensch ist das Wesen der Bildung, nicht das der Arbeit – wie *Marx* oder *Kerschensteiner* meinten. Das wird heutzutage deutlicher denn je, wo uns die Arbeit auszugehen droht. Schüler über den Prozeß der Bildung teilhaben zu lassen an Worten, Werken und Taten, erfordert sicherlich sehr viel „Arbeit", die aber vom Parameter der Bildung durchdrungen sein muß, wenn sie nicht als öde oder fremdbestimmt erfahren werden soll.

R. W.: *In dem umfänglichen Buch über die „Funktionen der Schule" haben Sie insgesamt 31 solcher Funktionen historisch-systematisch aufgezeigt und damit eine faszinierende Geschichte bzw. Theorie der Schule geschrieben. Keine dieser Funktionen darf die anderen beherrschen, alle haben ihren Sinn und konstituieren das, was wir Schule nennen. Auf zwei würde ich gern eingehen wollen. Die 18. Funktion heißt die „immutative", also die verwandelnde Funktion: Die Schule verwandelt das Kind zum Schüler, indem sie ihn „in die Maßgeblichkeit des Denkens" hineingelangen läßt. Was für ein Denken, außerhalb von mir, ist damit gemeint?*

Ballauff: Dieses Denken ist nicht außerhalb des, aber auch nicht *im* Menschen, sondern der Mensch wird Mensch, indem er teilhat am Denken. Und dies sollten Schüler lernen, daß sie nicht *über* das Denken verfügen, sondern *am* Denken partizipieren.

R. W.: *Die 26. Funktion wird die „asketische" genannt. Plädieren Sie für ein modernes Mönchstum?*

Ballauff: Ganz und gar nicht! Es geht darum, daß wir uns nicht selbst dadurch um den Prozeß von Bildung bringen, indem wir alles Lernen über die Hürden der Lust zwingen – allzu viel würde dabei liegenbleiben. Damit plädiere ich nicht für eine rabiate Schule, sondern wende mich lediglich gegen einen Unterricht, den Lehrer oder Schüler der geschickten Manipulation und Suggestion von „Bedürfnissen" und „aktuellen Themen" ausliefern. Ein solcher sich „demokratisch" bezeichnender Unterricht bringt den möglichen sachlichen Gedankengang um seine Artikulation, der Schüler geht inmitten von aperten (offenen), willkürlichen Curricula leer aus und ist in eine ganz bestimmte Richtung dirigiert worden – in der geschwätzigen Schule stellt sich das Gegenteil von Demokratie ein.

Kritik

R. W.: *Wenn ich die Kritik an der Ballauffschen Pädagogik richtig aufgenommen habe und mit meinen Anmerkungen versehe, lassen sich insgesamt sieben Vorwürfe erheben. Ihre Pädagogik – so heißt es erstens – ist antivoluntaristisch,* sie verteufelt den Willen des Menschen. In Ihrem Aufsatz aus dem Jahr 1982 über Hartmann heißt es zur Kennzeichnung des Denkens: „Hier ist nicht zu ‚wollen' und ‚nichts' zu wollen; sondern allein dem Bedenken und Durchdenken ... stattzugeben."

Ballauff: Ich verteufle nicht den Willen des Menschen, aber ich mißtraue ihm, weil er sich letztlich immer nur selbst will. Seit der römischen Stoa ist der Wille als Macht installiert und zum Motor der Selbstherrlichkeit gemacht worden. Die selbstlose Verantwortung der Wahrheit verträgt kein allmächtiges Wollen. Der Wille muß, nach *Kant*, zur Vernunft gebracht, d.h. faktisch aufgehoben werden.

R. W.: *Schon 1952 schrieben Sie in der „Idee der Paideia": „Erziehung zwingt zur reinen Sachlichkeit." Aus dieser „Diktatur der Sachlichkeit" resultiert ein zweiter Vorwurf: Ihre Pädagogik sei antiemotional.*

Ballauff: Vielleicht mißtraue ich als jemand, der immerhin zwei Weltkriege erlebt hat, nicht nur dem Voluntarismus, sondern auch den Emotionen des Menschen – zumindest mehr als jene, die erst nach 1945 geboren wurden und nicht mehr unmittelbar erfahren haben, wie man Gefühle zu Passionen und Emotionen zu Ideologien umformen konnte. Ich bin nicht antiemotional, sondern möchte nur, daß auch die Emotionen maßvoll bedacht werden. *Pestalozzi* sprach von der „sehenden Liebe" im Gegensatz zur „blinden Mutterliebe".

R, W. : *Ein dritter Vorwurf besagt, Sie seien gelegentlich antiaufklärerisch, da in vielen Ihrer Bilder und Erklärungen ein gehöriges Maß an Platonismus stecke. Wenn Werte und Wahrheit unabhängig vom Menschen in einem Ideenhimmel angesiedelt werden, dann liegt der Vorwurf, Ihre Pädagogik sei letztlich doch so etwas wie eine verbrämte Metaphysik, auf der Hand.*

Ballauff: Nur siedle ich „Werte" nicht, wie vielleicht Hartmann, in einem Ideenhimmel an. Auch das Denken ist kein ens metaphysicum, sondern ich betone lediglich, daß wir nicht die Herren des Denkens und auch nicht der „Werte" sind. Wir sind nur Menschen *durch* das Denken, aber das Denken ist nicht als solches durch den Menschen.

R. W.: *An vielen Stellen Ihrer Schriften läßt sich ein viertes Merkmal belegen. Ich will es hier kritisch als ein antiindividualistisches bezeichnen. Alles, was „im Dienst unserer Egoität" steht, findet nicht Ihre Zustimmung.*

Ballauff: Wenn Sie unter Egoität Selbstverwirklichung, Selbstdarstellung und Selbstdurchsetzung verstehen, halte ich den Vorwurf aus. Einer Mißachtung des einzelnen Menschen als Individuum hingegen habe ich nie das Wort geredet.

R. W.: *Den fünften Vorwurf referiere ich nur: Ihre Pädagogik sei eine des Zwanges, also anti-emanzipatorisch ...*

Ballauff: ... was wir in unserer Interpretation des Höhlengleichnisses hinreichend widerlegt haben. Mühe, Anstrengung, Verzicht und Verlust gehören zur Bildung, haben aber nichts mit Zwang zu tun.

R. W.: „Bildung ist Sache der Aristokratie; sie wählte die Menschen aus zu den Aristoi ...", so schrieben Sie schon 1952. Ist Ihre Pädagogik elitär, also – sechstens – antidemokratisch?

Ballauff: Heute muß Bildung für jeden möglich und zugänglich sein, aber sie führt den einzelnen in der Tat aus der Trivialität heraus. Darin kann ich aber nichts Elitäres sehen.

R. W.: *Der letzte Vorwurf bezieht sich auf Ihre Sprache. Da ist z. B. von eutaktischen, exonerierenden, sustentativen etc. Funktionen der Schule die Rede; Ihre Schreibe ist voll von Latinismen und Gräzismen; und oft sind die (Heideggerschen) Bindestriche in Ihren Wörtern wichtiger als die Wörter selbst. Kurz: Ihre Sprache, so der letzte Vorwurf, ist gelegentlich ausgesprochen antikommunikativ.*

Ballauff: Wenn das stimmt, muß ich mich bessern, d.h. verständlicher schreiben. Andererseits ist das so leicht nicht: mit gewöhnlichen Worten das Ungewöhnliche ausdrücken wollen.

R. W.: *Lassen Sie mich unser Gespräch mit einem Zitat und einem Wunsch beenden. Das Zitat stammt von Ihnen, der Wunsch von mir:*

„Der junge Mensch", so heißt es in den „Funktionen der Schule", „lebt im Optativ, der Erwachsene erfährt den Konjunktiv, der alte Mensch den Indikativ praesentis, Imperfekt und Plusquamperfekt, wohl kaum das Perfekt." Ich wünsche Ihnen, lieber Herr Ballauff, und Ihrem Werk noch sehr viel – Zukunft.

LITERATURVERZEICHNIS

Das Literaturverzeichnis beschränkt sich in der Primärliteratur auf eine Auswahl von Titeln, die für Theodor Ballauffs weitverzweigten Denkweg in erster Linie stehen dürften. Unter Sekundärliteratur sind die mir bis zum Abschluss der Arbeit greifbaren Titel aufgeführt.

Primärliteratur:

Ballauff: Die Idee der Paideia. Eine Studie zu Platons „Höhlengleichnis" und Parmenides' „Lehrgedicht". – Meisenheim am Glan 1952. (2. Aufl. 1963)

Ballauff: Die Grundstruktur der Bildung. – Weinheim 1953.

Ballauff: Vernünftiger Wille und gläubige Liebe. Interpretationen zu Kants und Pestalozzis Werk.– Meisenheim am Glan 1957.

Ballauff: Erwachsenenbildung. Sinn und Grenzen. – Heidelberg 1958.

Ballauff: Zum Problem der Schulbildung. – In: Zeitschrift für Pädagogik (1971). S. 135-152.

Ballauff: Biologie. – In: Wege zur pädagogischen Anthropologie. Von Andreas Flitner in Verb. mit Theodor Ballauff [u.a.]. Heidelberg 1962 (2. Aufl. 1967).S. 21-53.

Ballauff: Systematische Pädagogik. – Heidelberg 1962. (2.,veränd.Auflage1966; 3., umgearb. Auflage 1970.)

Ballauff: Schule der Zukunft. Bochum 1964. (3., erw. Aufl. 1968.)

Ballauff: Philosophische Begründungen der Pädagogik. Die Frage nach Ursprung und Maß der Bildung. – Berlin 1966. (= Erfahrung und Denken. Bd. 17.)

Ballauff: Pädagogik. Eine Geschichte der Bildung und Erziehung. Bd. 1-3 (Bd. 1 unter Mitarbeit von Gerd Plamböck, Bd. 2 u.3 zus. mit Klaus Schaller).– Freiburg u. München 1969-1973. (= Orbis Academicus. Bd. I /11, I /12, I/13.)

Ballauff: Skeptische Didaktik. – Heidelberg 1970.

Ballauff: Unterricht als Einbezug ins Denken. – In: Zur Pathologie des Unterrichts. Hrsg. von Johannes Flügge. Bad Heilbrunn / Obb. 1971. S. 116-122.

Ballauff: Einbezug und Hervorruf – Erwägungen zu einigen Kategorien von Bildung und Erziehung. – In: Sein und Geschichtlichkeit. Karl-Heinz Volkmann-Schluck zum 60. Geburtstag. Hrsg. von Ingeborg Schüßler und Wolfgang Janke. Frankfurt am Main 1974. S. 291-301.

Ballauff: Skeptische Marginalien zur modernen Curriculumforschung. – In: Internationales Jahrbuch für Erwachsenenbildung 1975. Hrsg. von Joachim H. Knoll. S. 36-47.

Ballauff: Transzendentale Schemata im pädagogischen Denken. – In: Geschichte der Pädagogik und systematische Erziehungswissenschaft. Festschrift für Albert Reble. Hrsg. von Winfried Böhm und Jürgen Schriewer. Stuttgart 1975. S. 20-29.

Ballauff: Weshalb Schule? – In: Vierteljahrsschrift f. wiss. Pädagogik 51 (1975). S. 72-391.

Ballauff: Konstitution und Deformation der Aufgaben des Lehrers. – In: Aspekte und Probleme einer pädagogischen Handlungswissenschaft. Festschrift für Josef Derbolav zum 65. Geburtstag. Hrsg. von Dietrich Benner. Kastellaun 1977 S. 9-18.

Ballauff: Vernachlässigte Funktionen des Lehrers. – In: Der Lehrer und seine Organisationen. Hrsg. von Manfred Heinemann. Stuttgart 1977. (= Veröffentlichungen der Historischen Kommission der Deutschen Gesellschaft für Erziehungswissenschaft. Bd. 2.) S. 459-505.

Ballauff: Antithesen zur Lerntheorie. – In: Pädagogische Rundschau 32 (1978). S. 308-316.

Ballauff: Die Grundstruktur der Bildung und ihre Antithetik in Geschichte und Gegenwart. – In: Erwachsenenbildung als Wissenschaft VII. Weltenburger Akademie 1979. S. 6-15.

Ballauff: Pädagogik als Bildungstheorie und ihre konstitutive Antithetik. – In: Die Erziehungswissenschaft und die Pluralität ihrer Konzepte. Festschrift für Wilhelm Flitner zum 90. Geburtstag. Hrsg. von Hermann Röhrs. Wiesbaden 1979. (= Erziehungswissenschaftliche Reihe. Bd. 20.) S. 135-145.

Ballauff: Pädagogik der selbstlosen Verantwortung der Wahrheit oder Bildung als „Revolution der Denkungsart". – In: Erziehungswissenschaft der Gegenwart. Prinzipien und Perspektiven moderner Pädagogik. Hrsg. von Klaus Schaller. Bochum 1979. S. 8-27.

Ballauff: Der Gedanke einer „allgemeinen Bildung" und sein Wandel bis zur Gegenwart. – In: Handbuch Schule und Unterricht. Hrsg. von Walter Twellmann. Bd. 4. Düsseldorf 1981. S. 233-248.

Ballauff: Über die pädagogische und didaktische Bedeutung der Sprache in der Geschichte der Pädagogik. – In: Vierteljahrsschrift f. wiss. Pädagogik 57 (1981). S. 369-385.

Ballauff: Das pädagogische Konzept einer kosmischen Verantwortung. – In: Siegener Studien 30 (1981). S. 9-25.

Ballauff: Beiträge zu einer Analyse der gegenwärtigen Situation der Pädagogik. – In: Rassegna di Pedagogia / Pädagogische Umschau 40 (1982). S. 101-115.

Ballauff: Funktionen der Schule. Historisch-systematische Analysen zur Scolarisation. – Weinheim u. Basel 1982. 2. Aufl. Köln u. Wien 1984. (= Studien und Dokumentationen zur deutschen Bildungsgeschichte. Bd. 22.)

Ballauff: Einige pädagogische Konsequenzen aus Kants Philosophie. – In: Vierteljahrsschrift f. wiss. Pädagogik 58 (1982). S. 273-294.

Ballauff: Pädagogik als Bildungsphilosophie. Kurseinheit 1 und 2 (Redaktion: Christa Bast). Studienbrief der Fernuniversität – Gesamthochschule Hagen. 1983.

Ballauff: Pädagogik als Bildungsphilosophie. Kurseinheit 3. Didaktische Konsequenzen (Redaktion: Christa Bast). Studienbrief der Fernuniversität – Gesamthochschule Hagen. 1984.

Ballauff: Über Bildung und ihr Maß. – In: Perspektiven der Philosophie. Neues Jahrbuch. 1984. S. 79-94.

Ballauff: Ist systematische Pädagogik heute noch möglich und notwendig? – In: Vierteljahrsschrift f. wiss. Pädagogik 60 (1984). S. 425-441.

Ballauff: Der Bezug der Bildung auf Wahrheit. – In: Emendatio rerum humanarum. Erziehung für eine demokratische Gesellschaft. Festschrift für Klaus

Schaller. Hrsg. von F. Baumgart, K. Meyer- Drawe, B. Zymek. Frankfurt am Main 1985. (= Studien zur Pädagogik der Schule. Bd. 11.) S. 119-132.

Ballauff: Lehrer sein einst und jetzt. Auf der Suche nach dem verlorenen Lehrer.– Essen 1985. (= neue pädagogische bemühungen. Bd. 95.)

Ballauff: Pädagogik als Bildungslehre. – Frankfurt a. Main 1986. (= Studien zur Bildungstheorie. Bd.1.)

Ballauff: Beiträge zu einer skeptischen Paideutik (kritischen Bildungslehre). – In: Pädagogische Skepsis. Wolfgang Fischer zum einundsechzigsten Geburtstag. Hrsg. von D-J. Löwisch, J. Ruhloff, P. Vogel. Sankt Augustin 1988. S. 99-108.

Ballauff: Pädagogik als Bildungslehre. 2., erw. Aufl. – Weinheim 1989. (= Studien zur Philosophie und Theorie der Bildung. Bd. 1.)

Ballauff: Pädagogik als Bildungslehre. 3., weitergearb. Auflage aus dem Nachlass. Hrsg. von Andreas Poenitsch und Jörg Ruhloff. – Baltmannsweiler 2000.

Quellensammlung:

Theodor Ballauff – Pädagogik der „selbstlosen Verantwortung der Wahrheit". Hrsg. von Jörg Ruhloff u. Andreas Poenitsch.– Weinheim u. München 2004. (= Pädagogische Klassiker des Jahrhunderts.)

Sekundärliteratur

Banki, Farsin.: Der Weg ins Denken. Platon, Martin Heidegger, Theodor Ballauff. – Bern u. Stuttgart 1968.

Bollnow, Otto Friedrich: Ein neuer Ansatz zur systematischen Pädagogik. – In: Zeitschrift für Pädagogik 10 (1964). S. 564-576. (Besprechung der 1. Auflage von Theodor Ballauffs *SystematischerPädagogik*. Heidelberg 1962.)

Bollnow, Otto Friedrich: Über den pädagogischen Sinn des Ereignisbegriffs. – In: Bollnow: Krise und neuer Anfang. Beiträge zur pädagogischen Anthropologie. Heidelberg 1966.

Bretschneider, W.: Kann das „Bildungsdenken" der Gegenwart durch ein ursprünglicheres Denken überwunden werden? – In: Katechetische Blätter / Jugendseelsorge 19 (1966). S. 576-593. (Besprechung der 2. Auflage von Theodor Ballauffs *Systematischer Pädagogik*. Heidelberg 1966.)

Gößling, Hans J.: Subjektivität und Erziehungspraxis. Studien zum Subjektivitätsproblem bei Eberhard Griesebach und Theodor Ballauff für eine kritische Begründung pädagogischer Handlungstheorie und Handlungsforschung.– Frankfurt am Main [usw.] 1978.

Hager, Fritz-Peter: Heideggers Lehre von der Seinsvergessenheit und Ballauffs Kritik an der Selbstermächtigung des Menschen durch Bildung. – In: Pädagogische Rundschau 44 (1990). S. 557-576.

Heim, Helmut: Pädagogik ohne Ethik. Zu Möglichkeit und Konzeption einer nicht-ethischen Begründung von Erziehung und Bildung.– In: Vierteljahrsschrift f. wiss. Pädagogik 65 (1989). S.328-337.

Heim, Helmut: Die bildungstheoretische Begründung der Pädagogik im Werk Theodor Ballauffs. – Weinheim 1993.

Heitger, Marian: Einige Bemerkungen zu Ballauffs Thesen Sachlichkeit, Mitmenschlichkeit, Brauchbarkeit. – In: Vierteljahrsschrift f. wiss. Pädagogik 74 (1998). S. 213-218.

Hochkeppel, Christiane: Die „Skeptische Didaktik" Theodor Ballauffs – Unverzichtbare pädagogische Problematisierung oder überflüssige Destruktion eines Handlungsfeldes? – In: Vierteljahrsschrift f. wiss. Pädagogik 75 (1999). S. 285-300.

Hufnagel, Erwin: Unmaßgebliche Anmerkungen zu Theodor Ballauffs Systematischer Pädagogik.– In: Hufnagel: Der Wissenschaftscharakter der Pädagogik. Studien zur pädagogischen Grundlehre von Kant, Natorp und Hönigswald. Würzburg 1990. S. 375-413.

Krawitz, Rudi: Bildung durch Unterricht. Theodor Ballauffs Postulate als universelle Unterrichtsprinzipien. In: Vierteljahrsschrift f. wiss. Pädagogik 55 (1979). S. 50-71.

Krawitz, Rudi: Pädagogik statt Therapie. Vom Sinn individualpädagogischen Sehens, Denkens und Handelns. 3. Aufl. – Bad Heilbrunn / Obb. 1997.

Krawitz, Rudi: Sachlichkeit und Mitmenschlichkeit. Die Bedeutung von Theodor Ballauffs antithetischem Bildungsverständnis für die Schule der Zukunft. – In: Vierteljahrsschrift f. wiss. Pädagogik 74 (1998). S. 246-255.

Kühn, Rudolf M.: Versuch einer Überwindung der neuhumanistisch-subjektivistischen Bildungstheorie am Beispiel der Pädagogik Theodor Ballauffs. Unveröffentl. Diplomarbeit. PH Dortmund 1971.

Kühn, Rudolf M.: Einige Überlegungen aus dem pädagogischen „Ketzertum" – oder Von der Notwendigkeit, das „Lernen" zu verlernen. – In: Vierteljahrsschr. f. wiss. Pädagogik 71 1995). S. 207-212.

Kühn, Rudolf M.: Schultheorien nach dem Zweiten Weltkrieg. Pädagogische Untersuchungen zu bildungs- und schultheoretischen Strukturproblemen in den Konzeptionen von Wilhelm, Kramp, Fend und Ballauff. – Frankfurt am Main [usw.] 1995. (= Paideia. Studien zur systematischen Pädagogik. Bd. 12.)

Kühn, Rudolf M.: Un-humanistische Denkweisen. Ansätze zur Überwindung des pädagogischen Humanismus bei Buber, Levinas, Ballauff und Schaller. – Baltmannsweiler 1999.

Kühn, Rudolf M.: Geht es in der Bildung um „Formung"? – Die Infragestellung der subjektivischen „Bildsamkeitsthese" in der Pädagogik Theodor Ballauffs. – In: Kühn: Pädagogische Humanismuskritik. Bildungsphilosophische Studien. Baltmannsweiler 2003. S. 24-42.

Mertz, Tabea: Krisis der Bildung. Zur Postmoderne-Rezeption in der bildungstheoretischen Diskussion. – Essen 1997.

Meyer-Drawe, Käte: Der Begriff der Lebensnähe in der „systematischen Pädagogik" Th. Ballauffs. – In: Meyer-Drawe: Der Begriff der Lebensnähe und seine Bedeutung für eine pädagogische Theorie des Lernens und Lehrens. Bielefeld 1978. S. 98-134.

Meyer-Drawe, Käte: Die Kategorie der Mitmenschlichkeit in Ballauffs Pädagogik der Entsprechung. – In: Meyer-Drawe: Leiblichkeit und Sozialität. Phänomenologische Beiträge zu einer pädagogischen Theorie der Intersubjektivität. 2. Aufl. München 1987. S. 68-72.

Muth, Jakob: Rezension des Buches von Th. Ballauff: Funktionen der Schule. Historisch-systematische Analysen zur Scolarisation. 2., durchgesehene Auflage. Köln u. Wien 1984. (Studien und Dokumentationen zur deutschen Bildungsgeschichte. Bd. 22.) – In: Zeitschrift für Pädagogik 32 (1986). S. 582-587.

Muth, Jakob: Veränderte Terminologie als Ausdruck eines anderen pädagogischen Denkens. – In: Pädagogische Einsätze 1991. Festschrift für Theodor

Ballauff zum achzigsten Geburtstag. Hrsg. von Jörg Ruhloff und Klaus Schaller. Sankt Augustin 1991. S. 105-119.

Musolf, Hans-Ulrich: Bildung. Der klassische Begriff und sein Wandel in der Bildungsreform der sechzger Jahre. – Weinheim 1989.

Niesseler, Andreas: Vom Ethos der Gelassenheit. Zu Heideggers Bedeutung für die Pädagogik. – Würzburg 1995.

Pädagogische Einsätze 1991. Festschrift für Theodor Ballauff zum achzigsten Geburtstag. Hrsg. von Jörg Ruhloff u. Klaus Schaller. Sankt Augustin 1991.

Pfänder, W.: Erziehungsphilosophische Entwürfe in ihrer erziehungs- und unterrichtstheoretischen Entfaltung. Analyse, Systematisierung und Vergleich an Hand der Werke von Theodor Ballauff, Fritz Schulze und Alfred Petzelt. – München 1975.

Poenitsch, Andreas: Bildung und Sprache zwischen Moderne und Postmoderne. Humboldt, Nietzsche, Ballauff, Lyotard. – Essen 1992.

Poenitsch, Andreas: Kontinuität der Bildung – Zur Neuauflage von Theodor Ballauffs Pädagogik als Bildungslehre. – In: Vierteljahrsschrift f. wiss. Pädagogik 74 (1998). S. 235-245.

Poenitsch, Andreas: Versionen von Skepsis bei Theodor Ballauff und Wolfgang Fischer. – In: Zwischen Gleichgültigkeit und Gewissheit. Herkunft und Wege pädagogischer Skepsis. Beiträge zum Werk Wolfgang Fischers. Hrsg. von Norbert Meder. Würzburg 2003. (= Schriften zur wissenschaftlichen Pädagogik. Bd. 1.) S. 81-93.

Ruhloff, Jörg: Zur Kritik der schultheoretischen Urteilskraft – Theodor Ballauffs Konversionstheorie. – In: Vierteljahrsschrift f. wiss. Pädagogik 60 (1984). S. 464-479.

Ruhloff, Jörg u. Andreas Poenitsch: Theodor Ballauff – Werk und Leben. Eine Skizze. – In: Theodor Ballauff – Pädagogik der „selbstlosen Verantwortung der Wahrheit." Hrsg. von Jörg Ruhloff und Andreas Poenitsch. Weinheim u. München 2004. (= Pädagogische Klassiker des 20. Jahrhunderts.) S. 7-19

Schaller, Klaus: Die Pädagogik der Entsprechung. – In: Karl-Hermann Schäfer u. Klaus Schaller: Kritische Erziehungswissenschaft und kommunikative Didaktik. 3., durchges. Aufl. Heidelberg 1976. S. 44f.

Schaller, Klaus: Die Pädagogik Theodor Ballauffs. – In: Schaller: Einführung in die Kommunikative Pädagogik. Ein Studienbuch. Freiburg [usw.] 1978. S. 66-76.

Schaller, Klaus: Die Pädagogik Theodor Ballauffs. – In: Schaller: Pädagogik der Kommunikation. Annäherungen, Erprobungen. Sankt Augustin 1987. S. 21-26; darin außerdem enthalten: Die Skeptische Didaktik Theodor Ballauffs. S. 83-85.

Schaller, Klaus: Die Pädagogik der Kommunikation – bildungstheoretische Grundlegung. Für Theodor Ballauff (1911-1995) in dankbarer Erinnerung. – In: Vierteljahrsschrift f. wiss. Pädagogik 74 (1998). S. 219-234.

Thompson, Christiane: Selbständigkeit im Denken. Der philosophische Ort der Bildungslehre Theodor Ballauffs. – Opladen 2003.

Thompson, Christiane: Bildung als Raum der Möglichkeiten. Zur Offenheit des Denkens bei Theodor Ballauff. – In: Vierteljahrsschrift f. wiss. Pädagogik 80 (2004). S. 523-535.

Weber, Rainer: Die Aktualität einer Pädagogik der Entsprechung. – In: Vierteljahrsschrift f. wiss. Pädagogik 54 (1978). S. 570-579.

Winkel, Rainer: Gespräche mit Pädagogen. Bildung – Erziehung – Schule. – Weinheim u. Basel 1989.

Winkel, Rainer: Theodor Ballauff (1911-1995): „Funktionen der Schule" (1984). – In: Theorie und Praxis der Schule Oder: Schulreform konkret – im Haus des Lebens und Lernens. – Baltmannsweiler 1997. S. 45-48.

www.ingramcontent.com/pod-product-compliance
Ingram Content Group UK Ltd.
Pitfield, Milton Keynes, MK11 3LW, UK
UKHW021841210426
5322IPUK00022B/399